Resilienz entwickeln und stärken in der Grundschule

Aline Kurt

Praktische Materialien, die Kinder widerstandsfähiger machen

Verlag an der Ruhr

Impressum

Titel
Resilienz entwickeln und stärken in der Grundschule
Praktische Materialien, die Kinder widerstandsfähiger machen

Autorin
Aline Kurt

Umschlagmotive
Tafel: © rangizzz; Mädchen: © contrastwerkstatt – beide Fotolia.com;
Kordel: © picsfive – stock.adobe.com

Illustrationen
Bettina Weyland (wenn nicht anders angegeben); Kordel: © picsfive – stock.adobe.com

Druck
Heenemann GmbH & Co. KG, Berlin, DE

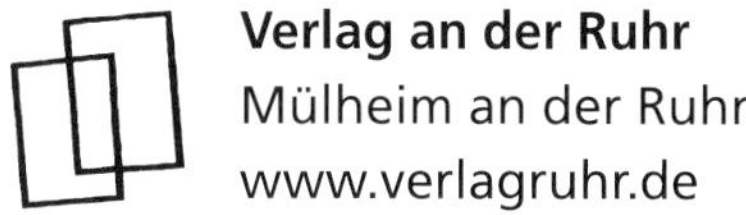

Verlag an der Ruhr
Mülheim an der Ruhr
www.verlagruhr.de

Geeignet für die Klassen 1–4

ISBN 978-3-8346-3581-5

Inhaltsverzeichnis

Vorwort

Liebe Lehrer*,

das Thema Resilienz begegnet uns seit einiger Zeit fast überall. Große Konzerne schulen ihre Mitarbeiter und die Medien werfen mit Zahlen und Daten zur Resilienz um sich. Es scheint fast so, als handele es sich mal wieder um eine große Modeerscheinung, die in ein paar Monaten eh wieder in Vergessenheit gerät. Doch da Sie dieses Buch in den Händen halten, scheinen Sie zu spüren oder gar zu wissen, dass Resilienz alles andere als eine Modeerscheinung ist. Resilienz ist in der heutigen Zeit unser Anker und gleichzeitig unser wichtigster Schutz vor einem Burnout. Das lateinische Wort „resilire" bedeutet nichts Anderes als „zurückspringen" und „abprallen". Damit ist die Fähigkeit gemeint, Krisen zu bewältigen und sie gleichzeitig als Anlass für die eigene Weiterentwicklung zu nutzen. Schön ist in diesem Zusammenhang das Bild eines Stehaufmännchens. Diese Figuren, die wir alle noch aus unserer Kindheit kennen, fallen niemals um, sondern geraten höchstens ins Wanken. Genau diese Fähigkeit verbirgt sich hinter der Resilienz. Wer über diese seelische Widerstandsfähigkeit verfügt, fällt trotz aller Umstände, und seien sie auch noch so widrig, nicht um, sondern geht gestärkt daraus hervor.
Schon geraume Zeit sind auch unsere Kinder von Stress und Hektik betroffen. Eine Kindheit, in der Kinder Kinder sein dürfen, gibt es kaum noch.
Da wir nicht über die Möglichkeit verfügen, dies kurzerhand zu ändern, bleibt uns nur eines übrig: Wir müssen den Kindern zur Resilienz verhelfen, damit sie trotz all den wachsenden Ansprüchen in ihrer eigenen Mitte bleiben und über ausreichend seelische Widerstandsfähigkeit verfügen.
Genau dabei möchte Sie das vorliegende Buch unterstützen.

---

* Der Verlag an der Ruhr legt großen Wert auf eine geschlechtergerechte und inklusive Sprache. Seit 2019 nutzen wir daher das Gendersternchen oder neutrale Formulierungen, um alle Menschen unabhängig von Geschlecht oder Geschlechtsidentität einzuschließen. In Texten für Schüler*innen finden sich aus didaktischen Gründen neutrale Begriffe bzw. Doppelformen. Titel, wie dieser, die erstmalig vor 2019 erschienen sind, enthalten noch das generische Maskulinum.

Zum Aufbau des Buches

Das Buch ist in die folgenden **vier Kapitel** gegliedert:

- ✗ Selbstwertgefühl stärken
- ✗ Umgang mit Gefühlen
- ✗ Soziale Kompetenzen
- ✗ Kraft und Ruhe tanken

Jedes Kapitel wiederum ist thematisch zweigeteilt in **Selbsterfahrungen** und **Gemeinschaftserfahrungen**. Vor beiden Komponenten finden Sie stets mehrere Lehrerseiten, die Sie über den Inhalt und die benötigten Materialien informieren.

Die Selbsterfahrungen enthalten einzelne Bausteine, die von den Kindern anhand eines mitgelieferten **Laufzettels** selbst erarbeitet werden können. Damit auch die **Nichtleser** aktiv werden können, sind Arbeitsblätter, Geschichten, Bastelideen und Übungen, sofern notwendig, **zweifach differenziert**. Allerdings benötigen die Nichtleser hier an der einen oder anderen Stelle Ihre Unterstützung, da nicht alle Kopiervorlagen gänzlich ohne Lesen auskommen.

Die Gemeinschaftserfahrungen schließen an die Selbsterfahrungen an. Diese Reihenfolge müssen Sie jedoch nicht zwingend einhalten. Unter den Punkten „Gemeinschaftserfahrungen" finden Sie Anregungen, wie Sie das jeweilige Thema gemeinsam mit allen Kindern erarbeiten und festigen können. Dies kann selbstverständlich auch immer zwischendurch erfolgen.
So sind weder die Selbsterfahrungen noch die Gemeinschaftserfahrungen als starres Programm gedacht.

Ich wünsche Ihnen und Ihren Schülern während der Arbeit mit diesem Buch die gleiche Freude, Herzenswärme und Kraft, die ich beim Schreiben verspürt habe.

Ihre Aline Kurt

Selbstwertgefühl stärken

Selbsterfahrungen

Baustein 1: Wer bin ich? (S. 9/10)

Darum geht's:
Resilienz setzt das Kennen der eigenen Person voraus. Nur wenn die Kinder ein Gefühl für das eigene Ich besitzen, sind sie dazu in der Lage, Widerständen zu trotzen.
In diesem Baustein setzen sich die Kinder mit ihrem individuellen Erscheinungsbild auseinander und nähern sich ihren inneren Neigungen an.
Die **Nichtleser (☆)** betrachten diesbezüglich ihr äußeres Erscheinungsbild in einem Spiegel, malen sich selbst und heben Aspekte, die sie mögen bzw. als störend empfinden, farblich hervor. Anschließend setzen sie sich mit ihren Interessen auseinander.
Die **Leser (☆☆)** nähern sich der Thematik mithilfe eines fiktiven Briefes an, zu dem sie ein Antwortschreiben verfassen.

Weitere Materialien für die Nichtleser:
- ✗ Spiegel je Kind

Baustein 2: So sehen mich meine Freunde (S. 11/12)

Darum geht's:
Alle Menschen und Tiere, die in Sozialverbänden leben, benötigen regelmäßiges Feedback ihrer Sozialpartner. Auch oder gerade Kinder sind darauf in besonderem Maße angewiesen.
Die Kinder erhalten und spenden in diesem Baustein positive Bestärkung ihrer ureigenen Fähigkeiten. Die **Nichtleser (☆)** schneiden dazu Bildkarten für ihren Partner aus und wählen passende Eigenschaften aus. Die **Leser (☆☆)** führen die Aufgabe mithilfe der Schnittkreismethode schriftlich durch.

Weitere Materialien für die Nichtleser:
- ✗ Schere je Kind

weitere Materialien für die Leser:
- ✗ Arbeitsblatt (S. 12) für jedes Kind auf DIN A3 vergrößert

Baustein 3: Bärenstark (S. 13–17)

Darum geht's:
Jedes Lebewesen besitzt individuelle Stärken. Dabei handelt es sich nicht nur um Fähigkeiten wie Kreativität, mathematische Talente und dergleichen, sondern beispielsweise auch um Stärken wie Empathie.
In diesem Baustein setzen sich die Kinder zunächst allgemein mit dem Thema „Stärken" auseinander.
Die **Nichtleser (☆)** gestalten Tiermasken von „starken" Tieren und überlegen in einem Gespräch, warum diese Tiere als stark angesehen werden können.
Die **Leser (☆☆)** suchen „Stärken"-Wörter in einem Wortsuchrätsel und ordnen diese sich selbst zu.

Weitere Materialien für die Nichtleser:
je Kind:
- ✗ Schere
- ✗ Kleber
- ✗ Pappe (DIN A4)
- ✗ Gummiband
- ✗ Locher

Baustein 4: Mein bärenstarkes Ich (S. 18)

Darum geht's:
Um sich als Individuum begreifen und Selbstwertgefühl entwickeln zu können, sollten die Kinder ihre eigenen Stärken kennen. Aus diesem Grund setzen sie sich in diesem Modul damit auseinander. Ihre positiven Charaktereigenschaften stellen die **Leser und Nichtleser** in einem Hosentaschenbuch dar.

Weitere Materialien für jedes Kind:
- ✗ Schere
- ✗ Kleber
- ✗ Pappe

Baustein 5: Anton fühlt sich schwach
(S. 19/20)

Darum geht's:
Wie Stärken gehören auch Schwächen zum Leben. Oftmals werden diese jedoch unterdrückt, da wir Menschen eine Auseinandersetzung mit unseren unangenehmen Eigenschaften gern umgehen. Dies ist absolut nachvollziehbar, immerhin leben wir ja in einer Leistungsgesellschaft, in der Erwachsene wie auch Kinder funktionieren sollen. Allerdings vergessen wir dabei leicht, dass jede Schwäche eine Funktion hat: Sie macht uns stets auf etwas aufmerksam.
Da Schwächen nun einmal aus dem Leben nicht einfach wegzudenken sind und die Akzeptanz eine entscheidende Rolle für die Resilienz-Entwicklung spielt, setzen sich die Kinder in diesem Baustein mit dem Thema „Schwächen" auseinander. Dies geschieht hier mithilfe einer Geschichte, die den **Nichtlesern (☆)** in Form von Bildern und den **Lesern (☆☆)** in Textform präsentiert wird.

Baustein 6: Mein Schwächen-Kompass
(S. 21/22)

Darum geht's:
Um Schwächen zu akzeptieren und adäquat mit ihnen umgehen zu können, ist es wichtig, ein Bewusstsein dafür zu entwickeln. Aus diesem Grund denken die **Leser und Nichtleser** über ihre eigenen Schwächen nach und stellen diese auf einem Kompass dar.

Weitere Materialien für jedes Kind:
- ✗ Pappe (DIN A4)
- ✗ Schere
- ✗ Kleber
- ✗ Musterbeutelklammer
- ✗ Buntstifte

Baustein 7: Meine größte Schwäche und ich (S. 23/24)

Darum geht's:
Jede Schwäche hat eine Funktion. So wollen manche Schwächen auf bestimmte Aspekte aufmerksam machen, andere möchten uns schützen oder vorantreiben. Was auf den ersten Blick ungewöhnlich scheint, offenbart jedoch bei näherer Betrachtung ungeheure Schätze. Wird ein Kind beispielsweise in bestimmten Situationen schnell wütend, kann dies auf eine Form der Überforderung hinweisen. Auch wenn nicht alle Schwächen sofort zu entschlüsseln sind, ist es wichtig, einmal genauer hinzusehen, was wirklich dahintersteckt. Dies führen die **Nichtleser (☆)** in Form eines inneren Dialogs durch. Um den Kindern dies noch weiter zu verdeutlichen, können Sie ihnen auch zusätzlich die Geschichte, die die **Leser (☆☆)** anleitet, vorlesen.

Baustein 8: Ich bin wertvoll (S. 25/26)

Darum geht's:
Sich selbst als wertvoll anzusehen, ist ein wichtiger Aspekt der Selbstliebe. Obwohl diese in unserer Gesellschaft meist verpönt ist, hat Selbstliebe rein gar nichts mit Egoismus zu tun. Nur wer in der Lage ist, sich selbst zu lieben, kann sein Herz auch für andere öffnen.
In diesem Baustein basteln **Leser und Nichtleser** eine Schatztruhe. Auf kleine Zettel schreiben oder malen sie, was ihnen selbst guttut. Dadurch werden sie achtsam für einen gesunden Umgang mit dem eigenen Selbst.

Weitere Materialien für jedes Kind:
- ✗ Pappe (DIN A4)
- ✗ Schere
- ✗ Kleber
- ✗ 5–8 Notizzettel

Ich bin ich

Baustein	**So hat es geklappt:** ☺	😐	☹
Wer bin ich?			
So sehen mich meine Freunde			
Bärenstark			
Mein bärenstarkes Ich			
Anton fühlt sich schwach			
Mein Schwächen-Kompass			
Meine größte Schwäche und ich			
Ich bin wertvoll			

© Verlag an der Ruhr | Autorin: Aline Kurt | ISBN 978-3-8346-3581-5 | www.verlagruhr.de

1. **Schaue in den Spiegel. Male, was du siehst.**

2. **Was gefällt dir an deinem Spiegelbild? Kreise es grün ein.**

3. **Was magst du daran nicht? Kreise es rot ein.**

4. **Was machst du gerne? Kreise ein.**

5. **Was machst du noch gerne? Male es dazu.**

Kordel: © picsfive – stock.adobe.com; alle anderen Abb.: Bettina Weyland

Wer bin ich?

Hallo, ich bin Willu. Ich komme von einem anderen Planeten. Ich liebe es, andere Lebewesen kennenzulernen, denn ich bin sehr neugierig. Erzähl mir doch etwas über dich!

Willu möchte alles über dich erfahren. Beschreibe dich selbst in einem Brief an ihn. Erzähle ihm, wie du aussiehst, was du gerne machst und was du gut kannst. Willu ist keine Tratsch-Tante. Deshalb kannst du ihm auch schreiben, was du nicht so gerne magst.

Lieber Willu,

....

....

....

....

....

....

....

....

....

....

....

....

....

Dein(e)

© Verlag an der Ruhr | Autorin: Aline Kurt | ISBN 978-3-8346-3581-5 | www.verlagruhr.de

So sehen mich meine Freunde

1. **Suche dir einen Partner, den du gerne magst.**
2. **Tauscht eure Arbeitsblätter aus.**
3. **Was magst du an deinem Partner besonders? Schneide diese Karten aus und male sie für deinen Partner an.**
4. **Male auf die leeren Karten, was du noch an ihm magst.**

Abb.: Bettina Weyland

Abb.: Bettina Weyland

Abb.: Bettina Weyland

Abb.: Bettina Weyland

Kordel: © picsfive – stock.adobe.com; alle anderen Abb.: Bettina Weyland

So sehen mich meine Freunde

1. Suche dir zwei Partner, die du gerne magst.
2. Gib ihnen dein Arbeitsblatt. Jeder Partner schreibt nun in eines der Herzen, was er an dir besonders mag.
3. Nutze die Zeit. Schreibe in die Herzen deiner Partner, was du an ihnen magst.
4. Schau dir an, was deine Freunde an dir mögen. Welche dieser Sachen gefallen dir am besten? Schreibe sie in die Mitte.

Du brauchst:

- ⊙ Maskenvorlage
- ⊙ Schere
- ⊙ Kleber
- ⊙ Pappe
- ⊙ Locher
- ⊙ Gummiband

So geht es:

1. Suche dir 2 Partner.
2. Suche dir eines der Tiere aus.
3. Bastele eine Maske:
   a) Klebe die Vorlage auf Pappe.
   b) Schneide sie aus.
   c) Loche die Maske an den Punkten.
   d) Fädele das Gummiband hindurch.
4. Stellt euch gegenseitig eure Tiere vor. Setzt euch dazu abwechselnd auf den Stuhl. Setzt die Maske auf.
5. Stellt euch vor, ihr wärt dieses Tier. Was könnt ihr besonders gut? Erzählt den anderen Kindern davon.
6. Anschließend darf das nächste Kind von seinem Tier erzählen.
7. Macht das so lange, bis jeder von seinen Stärken erzählt hat.
8. Welche Stärken hast du kennengelernt? Male sie.

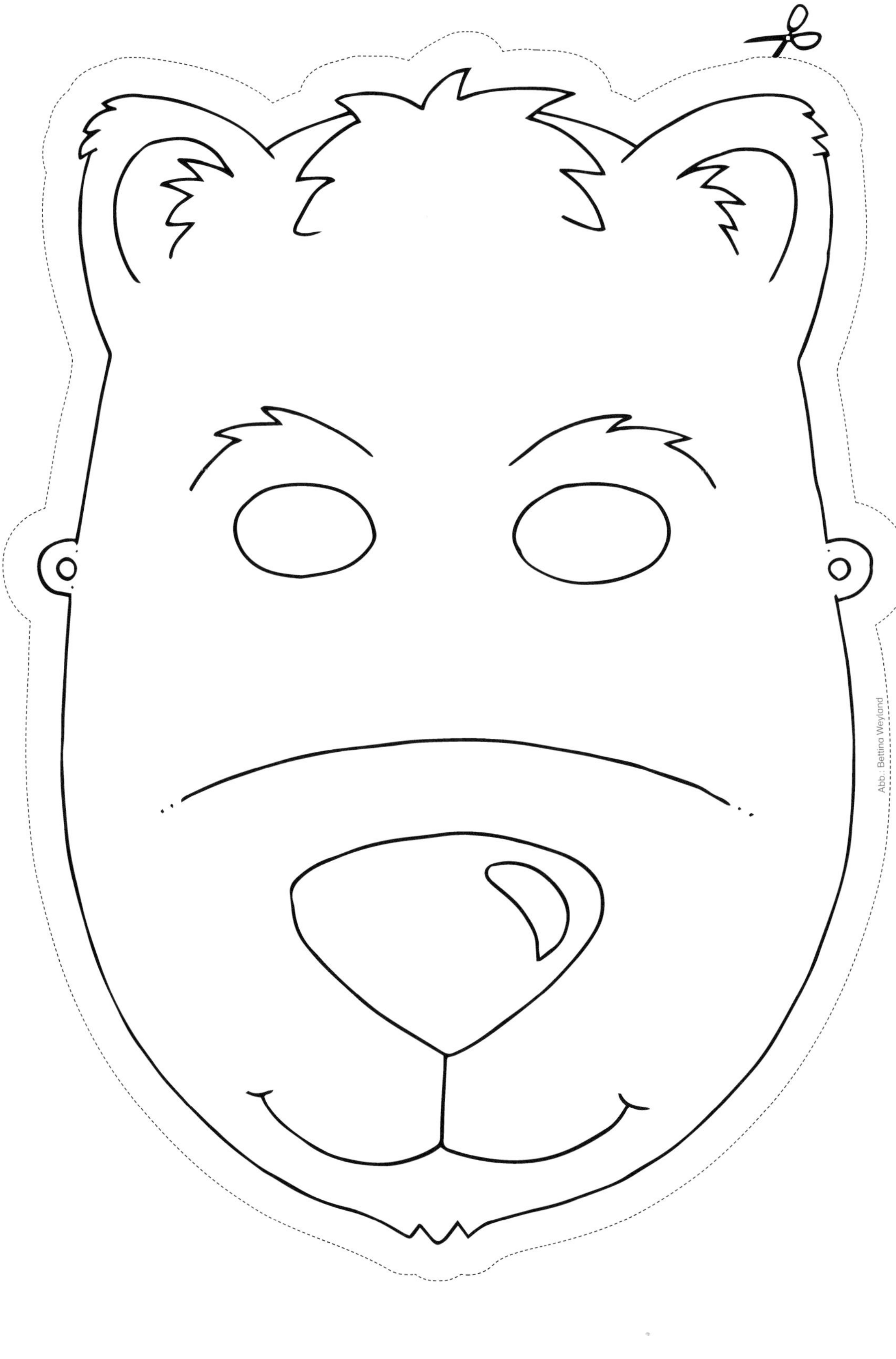

Abb.: Bettina Weyland

© Verlag an der Ruhr | Autorin: Aline Kurt | ISBN 978-3-8346-3581-5 | www.verlagruhr.de

Abb.: Bettina Weyland

Abb.: Bettina Weyland

1. **Im Wortsuchrätsel haben sich 12 Wörter versteckt. Kreise sie ein.**
2. **Alle diese Wörter beschreiben Stärken – also etwas, das jemand besonders gut kann.**

B	R	A	O	T	K	H	I	L	F	S	B	E	R	E	I	T	K	M	A	Z	B
L	F	Z	B	A	R	L	C	M	O	S	W	X	N	H	E	H	J	U	S	L	K
E	M	B	T	P	T	Q	B	S	D	K	G	S	G	R	D	B	M	T	D	O	P
V	U	Ä	W	F	U	C	J	H	R	L	B	J	H	L	F	T	A	I	N	R	Ö
Ü	P	H	L	E	R	A	X	H	L	U	Ü	A	L	I	B	V	E	G	H	D	R
Z	U	V	E	R	L	Ä	S	S	I	G	U	Z	E	C	R	L	F	D	F	E	W
R	G	Y	M	F	E	H	G	Z	A	C	T	S	C	H	N	E	L	L	L	N	G
T	F	J	U	K	S	W	C	H	O	K	E	V	B	K	U	M	G	D	I	T	J
V	U	P	I	S	A	O	S	Y	N	I	K	E	B	G	Ö	N	D	I	T	L	K
L	Ä	T	W	T	G	M	Ä	U	P	Ü	N	K	T	L	I	C	H	F	Z	I	M
G	M	O	P	A	Ö	D	F	N	I	R	A	T	K	B	F	H	C	N	B	C	C
R	Z	P	S	R	U	K	E	J	G	M	F	S	P	O	R	T	L	I	C	H	X
M	U	S	I	K	A	L	I	S	C	H	I	T	E	K	S	A	I	T	U	B	I

3. **Welche Worte passen zu dir? Schreibe sie auf die Linien.**

Mein bärenstarkes Ich

Auch du bist stark wie ein Bär. Bären können schnell laufen und gut hören. Manche Bären können gut trösten. Andere wissen immer, wie sie anderen helfen können. Was kannst du besonders gut?

1. Male deine Stärken in die leere Vorlage.

2. Schneide beide Teile aus.

3. Klebe beide Teile an den Rückseiten zusammen.

4. Falte an der Markierung.

Abb.: Norbert Höveler

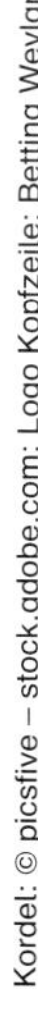

Anton fühlt sich schwach

1. Suche dir einen Partner.

2. Schaut euch gemeinsam die Bilder an.

3. Erfindet eine Geschichte dazu.

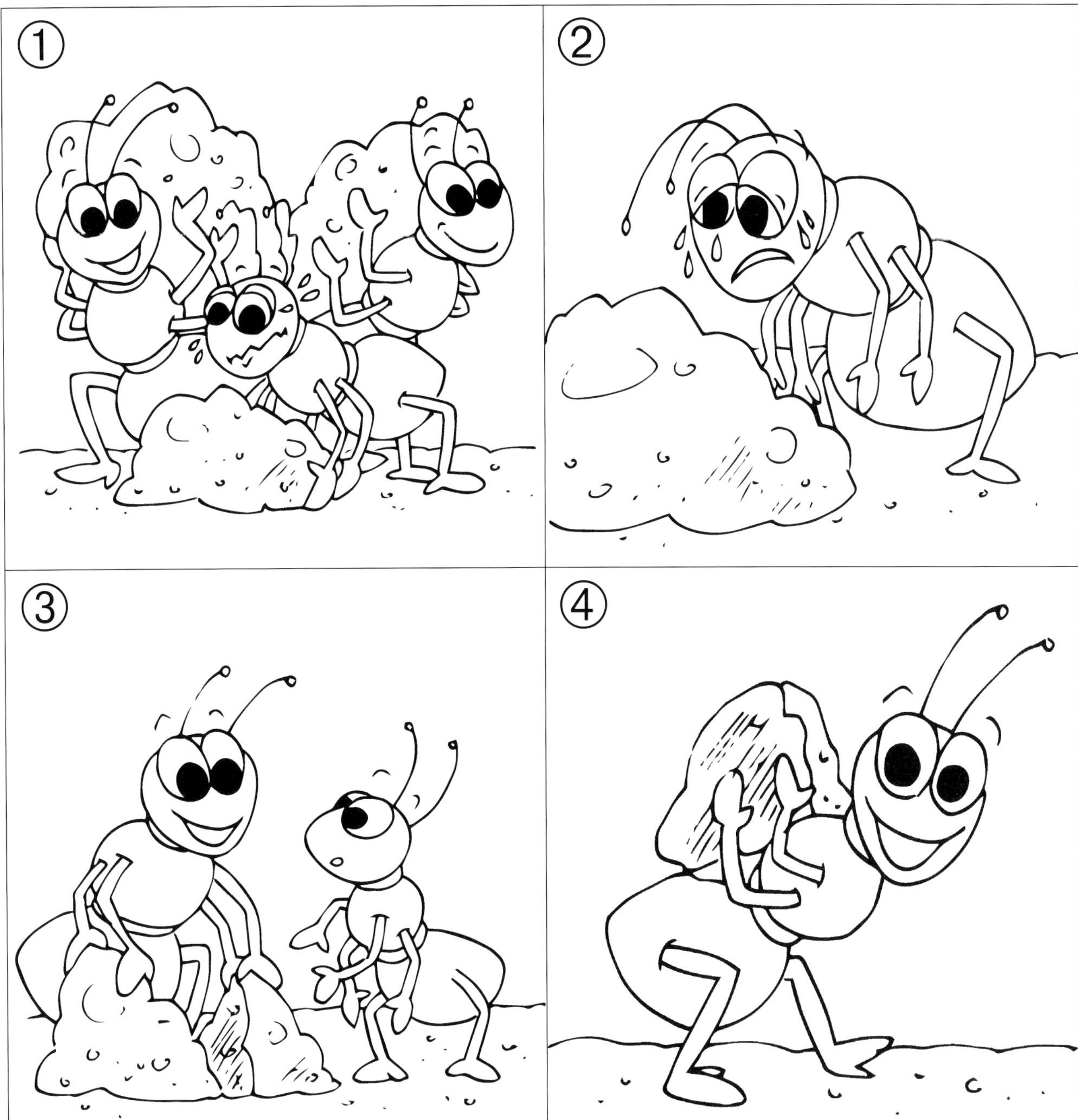

Anton fühlt sich schwach

Es ist ein wunderschöner Tag. Die kleine Ameise Anton ist schon sehr früh wach. Antons Familie hat nämlich eine tolle Entdeckung gemacht. Schnell machen sich alle auf den Weg zu den tollen Kuchenresten. Mhm, wie lecker!

Anton beeilt sich, um mit den anderen mithalten zu können. Die anderen Ameisen sind nämlich ganz schön schnell. Als er am Kuchen ankommt, sind die anderen schon wieder auf dem Rückweg. Jeder aus Antons Familie trägt einen Krümel zum Nest. Neugierig beobachtet Anton, wie die großen Ameisen das machen. „Da helfe ich mit“, denkt Anton. Krampfhaft versucht er, einen Krümel hochzuheben. Doch das ist gar nicht so einfach. Anton wundert sich: Bei den anderen sieht es doch so einfach aus. Er versucht es noch einmal. Doch so sehr Anton sich auch bemüht, es will ihm einfach nicht gelingen. Das macht ihn traurig. Rasch füllen sich seine kleinen Augen mit Tränen.

„Ich bin so schwach. Nichts kann ich“, denkt Anton. Eine der anderen Ameisen eilt Anton zuhilfe.

„Schau mal, wenn du den Krümel zerkleinerst, dann kannst du ihn tragen“, erklärt die Ameise. Vorsichtig reißt sie ein kleines Stück vom großen Krümel ab und reicht es Anton. Die kleine Ameise packt es vorsichtig und trägt es zum Nest. Als Anton dort ankommt, ist er stolz. Schließlich hat er den kleinen Krümel den weiten Weg ganz alleine getragen.

1. **Suche dir zwei Partner. Sprecht über die folgenden Fragen. Trage anschließend eure Ergebnisse ein.**

   a) Warum weint Anton?

   ....

   b) Wie hilft ihm die große Ameise?

   ....

   c) Warum ist Anton stolz?

   ....

   ....

© Verlag an der Ruhr | Autorin: Aline Kurt | ISBN 978-3-8346-3581-5 | www.verlagruhr.de

Mein Schwächen-Kompass (1/2)

Niemand kann alles. Wenn wir etwas nicht gut können, bezeichnen wir das als Schwäche. Dafür muss sich aber niemand schämen! Schwächen gehören dazu.
Kennst du deine Schwächen?

Bastele deinen Schwächen-Kompass.

Du brauchst:

- Kompass-Vorlage
- Pappe
- Schere
- Kleber
- Buntstifte
- Musterbeutelklammer

So geht es:

1. Klebe die Vorlage auf Pappe.
2. Schneide die beiden Teile aus.
3. Stich vorsichtig ein Loch in die Mitte des Kreises und des Zeigers.
4. Befestige den Zeiger mit der Musterbeutelklammer auf dem Kreis.
5. Was kannst du nicht so gut? Male in jedes Feld eine Schwäche.
6. Welche Schwäche stört dich am meisten? Drehe die Kompassnadel darauf.
7. Warum stört dich diese Schwäche?

....

....

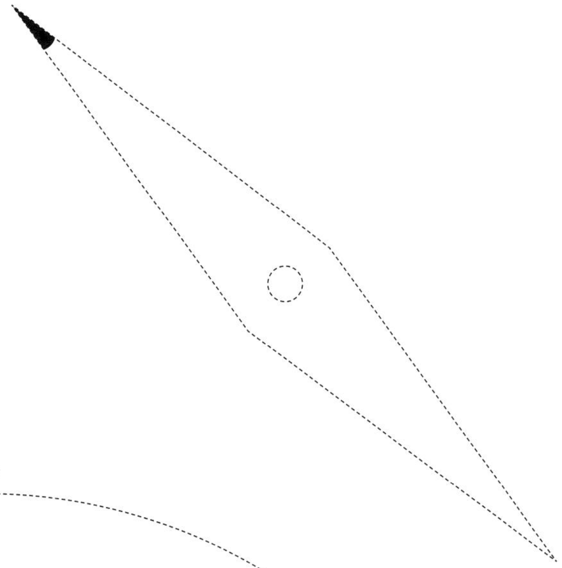

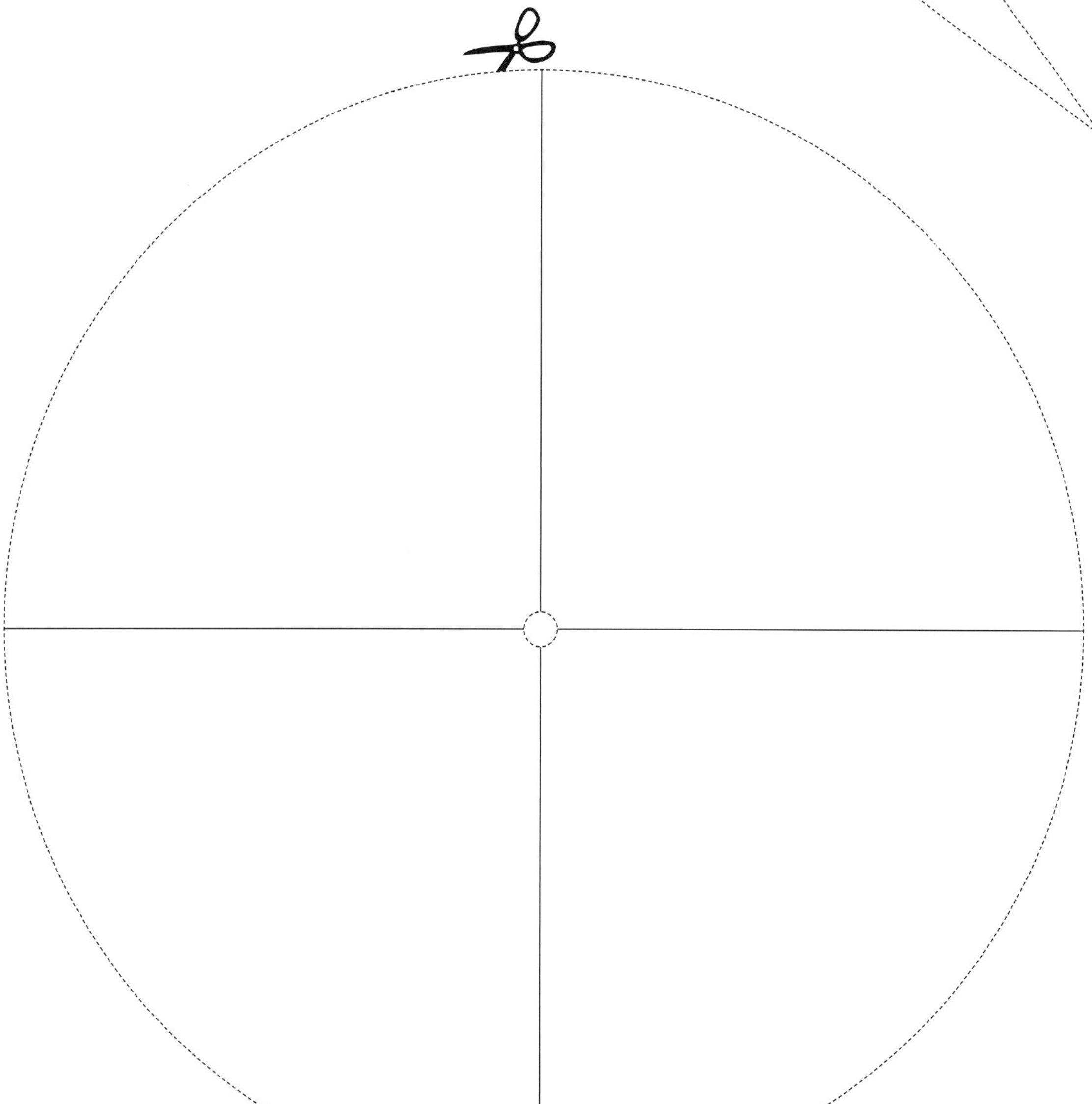

Mein Schwächen-Kompass (2/2)

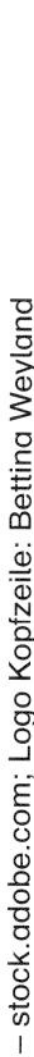

Meine größte Schwäche und ich

1. **Schau dir das Bild an. Das ist deine größte Schwäche.**
2. **Schließe die Augen. Sprich mit deiner Schwäche.
   Sie möchte dir etwas sagen.**
3. **Frage sie, was sie dir sagen möchte.**
4. **Frage sie, warum sie da ist.**

© serkucher – Fotolia.com

Meine größte Schwäche und ich

Lena hat keine Geduld. Warten findet sie fürchterlich. Das ist ihre größte Schwäche. Lena mag es nicht, dass sie das nicht kann. Eines Tages hat sie die Nase voll. Es reicht ihr. Immer fühlt sie sich so schrecklich, wenn sie warten muss. Lena beschließt, dass es Zeit ist, etwas zu ändern. Sie will wissen, was ihre Ungeduld ihr sagen möchte.

Lena setzt sich hin. Sie schließt die Augen und lädt die Ungeduld ein, zu ihr zu kommen. Als die Ungeduld da ist, spricht Lena einfach mit ihr.

„Hallo, Ungeduld! Schön, dass du da bist!", sagt Lena.

Die Ungeduld ist ein wenig erstaunt. Normalerweise will Lena sie ja immer schnell loswerden.

„Warum kommst du immer zu mir? Was willst du von mir?", fragt Lena. Und weil sie die Antwort wirklich hören will, spricht die Ungeduld mit ihr.

„Ich will dir zeigen, dass du dich auf Dinge einlassen musst. Neulich, als es so lange gedauert hat, bis du mit deiner Mama den Kuchen gebacken hattest, warst du mit deinen Gedanken nur bei dem, was kommt. Du konntest dich gar nicht am Backen selbst freuen. Das ist schade, denn du verpasst dadurch so viel. Ich komme immer dann, wenn du mit deinen Gedanken nicht im Augenblick bist."

Nach dem Gespräch ist Lena erstaunt. Die Ungeduld ist ja gar nicht so verkehrt, wie Lena immer dachte.

1. Warum sind Schwächen eigentlich gar nicht so übel?

2. Was meint die Schwäche, wenn sie sagt „Ich komme immer, wenn du mit deinen Gedanken nicht im Augenblick bist"?

3. Sprich doch einmal selbst mit einer deiner Schwächen. Mach es wie Lena und frage sie, was sie dir sagen möchte.

Du bist der wertvollste Schatz in deinem Leben.

1. Bastele eine Schatztruhe.

Du brauchst:

- Bastelvorlage
- Pappe
- Schere
- Kleber
- Zettel

So geht es:

a) Klebe die Vorlage auf Pappe.

b) Schneide die Vorlage aus.

c) Falte sie an den gestrichelten Linien.

d) Klebe nun die Seiten an den Punkten zusammen.

2. Du bist diese wertvolle Schatztruhe.
Schreibe oder male auf jeden Zettel, was dir guttut.

3. Ziehe jeden Tag einen Zettel aus der Truhe.
Schenke dir selbst das, was auf dem Zettel steht.

© Verlag an der Ruhr | Autorin: Aline Kurt | ISBN 978-3-8346-3581-5 | www.verlagruhr.de

Wohlfühlbad

Darum geht's:
Um sich selbst als wertvoll zu erfahren, benötigen Kinder ganz viel positive Bestärkung. Beim Wohlfühlbad spenden sie sich diese gegenseitig. Reihum taucht jedes Kind bewusst in ein Bad aus Komplimenten ein.

Material:
- ✗ 1 große Wanne oder großer Karton
- ✗ 1 Sitzkissen je Kind

Das bereiten Sie vor:
Arrangieren Sie aus den Sitzkissen einen Kreis. Die Wanne steht dabei in der Mitte.

So geht's:
Erzählen Sie den Kindern, wie gut es Ihnen tut, wenn Ihnen jemand etwas Nettes sagt, und dass sie dies nun auch einmal gemeinsam ausprobieren möchten.
Auf freiwilliger Basis nimmt ein Kind in der Wanne. Die übrigen Kinder sitzen im Sitzkreis. Reihum macht nun jeder dem Kind in der Wanne ein Kompliment. Anschließend darf das nächste Kind in der Wanne Platz nehmen und ein Komplimente-Bad nehmen. Verfahren Sie auf diese Weise, bis jedes Kind in den Genuss des Wohlfühlbades kam.
Besprechen Sie die Erfahrungen anschließend gemeinsam im Plenum. Dabei helfen Ihnen die folgenden Fragen:
- ✗ *Wie fühlt ihr euch nun?*
- ✗ *War es leicht für euch, Komplimente zu machen/anzunehmen, oder ist es euch schwergefallen?*
- ✗ *Woran lag das?*

Tipp:
Bei großer Schüleranzahl kann es sinnvoll sein, die Kinder in Kleingruppen aufzuteilen, um das Zeitfenster von 15 Minuten nicht zu überschreiten. Achten Sie jedoch in diesem Fall darauf, dass auch in den Kleingruppen keine Gehässigkeiten beim Wohlfühlbad Raum finden.

Mein unsichtbarer Freund

Darum geht's:
Um mit negativen Ereignissen umgehen zu können, brauchen vor allem Kinder ausreichend Unterstützung. Doch nicht immer wollen und können sie auf die Hilfe der Erwachsenen zählen. Umso wichtiger ist es, im Notfall auf einen inneren Helfer zurückgreifen zu können, der ihnen das Gefühl vermittelt, nicht allein zu sein.

Material:
- ✗ Vorlesetext „Mein unsichtbarer Freund" (S. 30)
- ✗ CD-Player
- ✗ ruhige Meditationsmusik

für jedes Kind:
- ✗ 1 Blatt Papier
- ✗ Buntstifte

So geht's:
Bitten Sie die Kinder, es sich auf ihren Plätzen bequem zu machen und die Augen zu schließen. Sofern Sie bereits wissen, dass es manchen Schülern schwerfällt, längere Zeit ruhig sitzen zu bleiben, können Sie diesen bereits vorab ein Blatt Papier austeilen, auf dem sie ihren inneren Helfer malen.
Machen Sie allen Kindern deutlich, dass während der nun folgenden inneren Reise nicht gesprochen werden soll. Sobald die Modalitäten geklärt sind, lesen Sie den Kindern den folgenden Text langsam vor. Achten Sie in besonderem Maße auf ihre Stimme, die idealerweise ruhig und gelassen bleibt. Die Meditationsmusik im Hintergrund sorgt hier für eine angenehme Atmosphäre. Wichtig ist es außerdem, dass Sie nach jedem Abschnitt eine Pause machen, damit die Kinder genügend Zeit haben, innere Bilder zu erzeugen.
Nachdem Sie ihnen den Text vorgelesen haben, erhält jedes Kind ein Blatt Papier, auf dem es seinen inneren Helfer malt.
Da diese Reise sehr persönlich ist, erfolgt an dieser Stelle auch keine Reflexion. Sie können die Kinder jedoch darauf hinweisen, dass sie diesen Helfer stets um Rat und Hilfe bitten können.

Ich steh' zu mir

Darum geht's:
Ein starkes Selbstwertgefühl und Selbstbewusstsein erkennt man meist schon an der Körperhaltung. Menschen, die sich mit hängenden Schultern und eingesunkener Körperhaltung präsentieren, wirken unsicher, was für jeden leicht erkennbar ist. Da Körper, Geist und Seele eine Einheit bilden, können wir also auch auf körperlicher Ebene dafür sorgen, dass Selbstwertgefühl und Selbstbewusstsein wachsen. Dies geschieht allein schon dadurch, dass wir bewusst auf unsere Körperhaltung achten und sie gegebenenfalls aktiv korrigieren. Mithilfe der folgenden Übung stellen Sie dazu die Weichen bei Ihren Schülern.

So geht's:
Stellen Sie sich mit den Kindern in einem großen Kreis auf. Bitten Sie die Kinder, sich die folgenden Situationen vorzustellen und sich dabei jeweils erneut aufeinander zuzubewegen:
Stellt euch vor,

- ✗ *ihr hättet in einer Klassenarbeit gut abgeschnitten.*
- ✗ *jemand würde behaupten, ihr hättet gelogen.*
- ✗ *euch wäre etwas nicht gelungen, was ihr euch so sehr gewünscht habt.*
- ✗ *ihr hättet einen super Tag.*

Fragen Sie die Kinder nach jeder imaginär erlebten Situation:

- ✗ *Wie hat sich das für euch angefühlt?*
- ✗ *Was habt ihr in eurem Körper gespürt?*
- ✗ *Wie hat euer Gegenüber auf euch gewirkt?*
- ✗ *Geht man anders, wenn man eine gute bzw. schlechte Situation erlebt?*
- ✗ *Sieht man dann anders aus?*
- ✗ *Woran könnte das liegen?*

Überlegen Sie anschließend gemeinsam, wie die Körperhaltung aussieht, sobald wir positive Situationen erleben (aufrechter Gang, freundlicher Blick, wir schauen einander an, lächeln, die Schultern und Arme sind entspannt).

Bitten Sie die Kinder abschließend, noch einmal mental in die negativen Situationen zu schlüpfen, dabei jedoch alle Merkmale einer positiven Situation bewusst einzusetzen. Überlegen Sie danach gemeinsam, ob die Situation dann immer noch als derart negativ empfunden werden kann.

Tipp: Überlegen Sie sich gemeinsam mit den Kindern eigene Beispiele, die dem Alltag der Kinder entsprechen, und führen Sie die Übung erneut durch.

Teppichreise

Darum geht's:
Ein starkes Selbstwertgefühl und Selbstbewusstsein können nur dann entstehen, wenn Kinder über ausreichend Urvertrauen verfügen. Dieses bildet sich bereits in der frühesten Kindheit aus, kann aber vielen Meinungen zum Trotz auch im Grundschulalter noch langsam auf- und ausgebaut werden, sofern dies auf liebevolle Art und Weise geschieht.
Bei dieser Übung werden die Kinder auf einer Decke durch den Raum gezogen.

Material:

- ✗ 1 große Wolldecke

Das bereiten Sie vor:
Schaffen Sie ausreichend Platz im Klassenzimmer, indem Sie die Stühle und Tische zur Seite schieben. Breiten Sie die Decke auf der freien Fläche aus.

So geht's:
Wählen Sie ein Kind auf freiwilliger Basis aus, das den Anfang macht und sich mit dem Rücken auf die Decke legt. Alle übrigen Schüler positionieren sich um die Decke herum und greifen diese mit den Händen. Auf ihr Zeichen hin wird das Kind mit der Decke durch den Raum gezogen. Am Ende angekommen, darf das nächste Kind auf der Decke Platz nehmen und wird darauf zurück in die Ausgangsposition gezogen. Führen Sie die

Teppichreise so lange durch, bis jedes Kind einmal durch den Raum gezogen wurde, sofern es das möchte. Bestehen Sie bitte nicht darauf, dass alle Kinder die Übung auch wirklich durchführen. Wie eingangs erwähnt, zielt die Teppichreise darauf ab, das Urvertrauen der Kinder zu stärken. Dies kann jedoch nur dann geschehen, wenn die Kinder dazu bereit sind.

Reflektieren Sie im Anschluss die Übung mit Hilfe der folgenden Fragen:

- ✗ *Wie habt ihr euch gefühlt, als ihr auf dem Teppich gereist seid?*
- ✗ *Habt ihr euch schon einmal so gefühlt?*
- ✗ *Wann war das?*
- ✗ *War es leicht für euch, den anderen zu vertrauen?*
- ✗ *Warum war das so?*

Grenzen setzen

Darum geht's:
Nein sagen zu können, ist in unserer Gesellschaft leider noch immer ein Tabu-Thema. Wer es wagt, Grenzen zu setzen, wird schnell als Egoist abgestempelt. Dabei bildet das Nein-Sagen einen zentralen Aspekt des eigenen Selbstwertgefühls. Warum sollten also Kinder dazu angehalten werden, stets die Bedürfnisse der anderen über die eigenen zu stellen?
Mit dieser Übung stellen Sie die Weichen für ein gesundes Selbstvertrauen, bei dem Kinder ihre eigenen Grenzen wahren können. Dies geschieht hier auf körperlicher Ebene.

Material:

- ✗ Malerkrepp oder Springseile

Das bereiten Sie vor:
Teilen Sie das Klassenzimmer in zwei gleich große Hälften ein. Trennen Sie beide Hälften mithilfe einer Linie aus Springseilen oder Malerkrepp.

So geht's:
Teilen Sie die Kinder in zwei gleich große Gruppen ein. Ist dies aufgrund einer ungeraden Schüleranzahl nicht möglich, gesellen Sie sich zu einer der Gruppen, um den Ausgleich zu schaffen. Die Mitglieder beider Gruppen positionieren sich nebeneinander in einem der beiden Felder, sodass sie in einer Reihe stehen. Beide Gruppen stehen sich dabei gegenüber, sodass jedes Kind aus einer Gruppe einem Kind aus der anderen gegenübersteht. Beide Gruppen haben demnach Blickkontakt. Nun bewegen sich die Kinder aus beiden Gruppen so lange aufeinander zu, bis die Individualdistanz erreicht ist. Die Kinder deuten dies durch das Wort „Stopp“ an. Das Tempo und die Nähe bestimmt dabei jedes Kind ganz allein. Sobald alle Kinder ihre Individualdistanz erreicht haben, besprechen Sie die Übung mithilfe der folgenden Fragen:

- ✗ *Wie habt ihr euch gefühlt, als ihr aufeinander zugegangen seid?*
- ✗ *Schaut euch mal den Abstand zwischen euch an. Ist dieser bei allen Kindern gleich?*
- ✗ *Woran könnte das liegen?*
- ✗ *Wie fühlt es sich für euch an, „Stopp“ zu sagen?*
- ✗ *Auch in der Schule oder zu Hause gibt es Situationen, in denen wir „Stopp“ sagen können und sollten. Welche Situationen fallen euch ein?*
- ✗ *Wie können und sollten wir „Stopp“ sagen?*

Tipp: Führen Sie die Übung bei gutem Wetter einfach im Freien durch. So ersparen Sie sich das Freiräumen des Klassenzimmers. Die Linie markieren Sie in diesem Fall ganz einfach mit Kreide oder mit den Springseilen.

Mein unsichtbarer Freund

Schließe deine Augen und reise in deinen Gedanken an einen schönen Ort. Achte darauf, dass du dich an diesem Ort rundum wohlfühlst. Es ist völlig egal, ob es diesen Ort wirklich gibt oder ob er nur in deiner Fantasie besteht.

Mache es dir an diesem Ort gemütlich. Lege dich gemütlich hin und genieße deinen Lieblingsort. Lass alle Gedanken los. Atme dazu tief ein. Beim Ausatmen verschwinden alle Gedanken aus deinem Kopf. Du spürst, wie du nach einer Zeit ganz ruhig und gelassen bist. Freude erfüllt dich.

Lade nun deinen inneren Helfer ein, dich zu besuchen. Jeder von uns hat einen inneren Helfer, den wir immer dann rufen können, wenn wir Hilfe brauchen. Auch du hast einen inneren Helfer und es wird Zeit, dass du ihn kennenlernst. Bitte ihn nun, zu dir zu kommen. Lass dich überraschen, wie er aussieht. Vielleicht sieht er aus wie ein Mensch. Vielleicht ist es aber auch ein Tier oder eine Fantasiegestalt. Du wirst es gleich wissen.

Schau dir deinen inneren Helfer genauer an. Spüre, wie er auch dich liebevoll ansieht. Wenn du magst, kannst du deinem inneren Helfer nun in Gedanken etwas über dich erzählen. Du kannst ihm auch Fragen stellen oder ihn um Rat bitten. Wenn du magst, kannst du ihm auch einfach nur zuhören. Er hat dir bestimmt auch etwas zu erzählen.
Sei völlig frei und lass dich auf ihn ein.

Atme noch einmal tief ein und aus. Bedanke dich bei deinem Freund und sei dir sicher, dass er immer dann zu dir kommt, wenn du es möchtest.
Wenn du bereit bist, öffne wieder deine Augen und komme langsam zurück ins Klassenzimmer.

Umgang mit Gefühlen

Selbsterfahrungen

Baustein 1: So viele Gefühle (S. 37–39)

Darum geht's:
Gefühle spielen eine zentrale Rolle in unserem Leben. Sie sind die Sprache unserer Seele. Doch um diese entschlüsseln zu können, bedarf es zunächst der Kenntnis unterschiedlicher Emotionen. Der folgende Baustein möchte den Kindern einen Einblick in ausgewählte Emotionen geben.
Die **Nichtleser (☆)** untersuchen dazu ein besonderes Bild, das Licht in die Welt der Gefühle bringt. Kopieren Sie dazu die Bildvorlage (S. 37) für jede 2er-Gruppe auf Folie und legen Sie diese auf einen Bogen schwarze Pappe. Schieben Sie beides in eine Sichthülle.
Die **Leser (☆☆)** überlegen anhand von Bildvorlagen, wie diese Gefühle heißen könnten.

Weitere Materialien für die Nichtleser:
je 2er-Gruppe:
✗ Schere
✗ 1 schwarzer Tonkarton
✗ 1 Sichthülle
✗ Bildvorlage (S. 37) auf Folie

Tipp:
Falls Ihnen das Erstellen der Folien zu aufwändig ist, können Sie natürlich auch die Bildvorlage als Kopie an die Kinder austeilen. Die Schüler betrachten dann das Bild im Detail.

Baustein 2: Ich fühle mich … (S. 40–42)

Darum geht's:
Um erkennen zu können, dass Gefühle eine zentrale Rolle in unserem Leben spielen, müssen die Kinder ihre Gefühle zunächst benennen können. Dies bedarf neben der in Baustein 1 erworbenen Kenntnis über die Vielfalt der Gefühle auch eine Auseinandersetzung mit dem eigenen Gefühls-Erleben. Aus diesem Grund setzen sich die Kinder in diesem Baustein mit ihren eigenen Erfahrungen auseinander.
Die **Nichtleser (☆)** basteln in Partnerarbeit einen Gefühlswürfel und sprechen darüber, wann sie diese Gefühle zuletzt erlebt haben. An dieser Stelle möchte ich Sie auf die Bedeutung der eigenständigen Partnerwahl hinweisen. Das Sprechen über erlebte Gefühle und deren Auslöser setzt ein großes Maß an Vertrautheit voraus. Die Kinder sollten dafür ihren Wunschpartner wählen dürfen.
Die **Leser (☆☆)** beschäftigen sich zunächst mit einem kleinen Text, bevor auch sie sich mit Situationen auseinandersetzen, in denen sie ausgewählte Gefühle zuletzt erlebten.

Weitere Materialien für die Nichtleser:
je 2er-Gruppe:
✗ 1 Bogen Pappe (DIN A4)
✗ Schere
✗ Kleber
✗ Buntstifte

Baustein 3: Gefühle in mir (S. 43)

Darum geht's:
Gefühle machen sich vor allem auf körperlicher Ebene bemerkbar. Im Gesicht vieler Säugetiere, allen voran des Menschen, lassen sich Gefühle bei anderen bei näherer Betrachtung sehr leicht erkennen. Doch wie machen sich die Gefühle für jeden Einzelnen bemerkbar? Wo nehmen wir diese wahr? Dieser Frage gehen die Kinder hier nach. Dazu erhalten **Leser und Nichtleser** einen Körperumriss, in den sie Gefühle, die hier durch Bilder symbolisiert werden, hineinkleben. Dabei gibt es natürlich kein Richtig oder Falsch, da jedes Kind seine Gefühle ganz individuell wahrnimmt. So kann es natürlich auch sein, dass die Kinder alle Bilder überlappend in der Herz-Bauch-Gegend ansiedeln, wo unsere Intuition beheimatet ist.

Weitere Materialien für jedes Kind:
✗ Schere
✗ Kleber

Baustein 4: So sehen meine Gefühle aus (S. 44/45)

Darum geht's:
Gefühle zu benennen und darüber zu sprechen, kann besonders Kindern schwerfallen, da Emotionen so schlecht greifbar erscheinen. Doch das Verbalisieren der eigenen Befindlichkeiten ist ein entscheidender Schritt zur seelischen Widerstandsfähigkeit. Dieser Baustein möchte die Kinder hier auf kreative Weise unterstützen, Gefühle (für sich selbst) greifbar zu machen.
Die **Nichtleser (☆)** malen zu vorgegebenen Gefühlen einen Gesichtsausdruck und arbeiten mit Farben.
Die **Leser (☆☆)** stellen in Kleingruppen Knetmasse her und gestalten daraus Symbole für die unterschiedlichen Gefühle.

Weitere Materialien für die Leser:
je 4er-Gruppe:
- ✗ 1 Tasse Spülmittel
- ✗ 3 Tassen Speisestärke
- ✗ je 1/2 Tube rote, gelbe, grüne, blaue Lebensmittelfarbe
- ✗ 4 Schüsseln
- ✗ 1 Löffel
- ✗ Zeitungspapier zum Abdecken des Tisches

Tipps:
Nicht benötigte Knete können Sie in einem luftdicht verschließbaren Gefäß ca. 1–2 Wochen aufbewahren.
Die aus der Knetmasse gefertigten Symbole lassen sich problemlos an der Luft trocknen. Dies kann je nach Raumtemperatur bis zu einer Woche dauern.

Baustein 5: Meine Gefühls-Uhr
(S. 46/47)

Darum geht's:
Über ihre eigenen Gefühle zu sprechen und diese konkret zu benennen, fällt vielen Kindern schwer. Doch genau dies ist ein wichtiger Bestandteil der seelischen Widerstandsfähigkeit. Hier setzt Baustein 5 an, indem er den Kindern eine Möglichkeit an die Hand gibt, sich ihrer eigenen momentanen Gefühle bewusst zu werden und diese für andere erkennbar zu machen.
Leser und Nichtleser basteln hier ihre eigene Gefühls-Uhr, auf der sie ihre Gefühle aufzeichnen und diese durch Drehen des Zeigers deutlich machen.

Tipp: Nutzen Sie die Gefühls-Uhr auch im Unterricht. Die Kinder können diese während Gruppen- oder Freiarbeitsphasen einstellen und dadurch ihren Mitschülern ihre aktuelle Stimmung bekanntgeben. Vor allem schüchternen Kindern kommt diese Art der Bekanntgabe zugute.

Weitere Materialien für jedes Kind:
- ✗ Pappe (DIN A4)
- ✗ Schere
- ✗ Kleber
- ✗ Musterklammer

Baustein 6: Alle Gefühle sind wichtig
(S. 48–50)

Darum geht's:
Auch wenn Gefühle wie Angst, Wut, Neid oder Eifersucht nicht angenehm erscheinen, sind sie dennoch ein wichtiger Bestandteil in unserem Leben. Selbstverständlich erlebt jeder lieber Freude, Gelassenheit und Dankbarkeit. Doch alle Emotionen gehören zu unserem Dasein, haben ihre Berechtigung und sollten gelebt werden. Dies erfahren die Kinder in diesem Baustein.
Die **Nichtleser (☆)** finden zu ausgewählten Emotionen das passende Gegenstück. Dazu erhalten sie Bildmaterial, das für Gefühle wie Angst, Mut, Trauer, Freude, Wut und Gelassenheit steht. In Partnerarbeit sprechen sie anschließend darüber.
Die **Leser (☆☆)** erhalten zunächst eine Geschichte, die sie zum Nachdenken anregen soll. Die angegliederten Fragen beantworten sie in 2er-Gruppen mithilfe der Partner-Check-Methode.

Weitere Materialien für die Nichtleser:

- ✗ Schere
- ✗ Kleber

Baustein 7: Mutig wie ein Wolf (S. 51/52)

Darum geht's:

Wölfe lösen bei vielen Menschen ein Gefühl der Angst aus. Dabei sind diese intelligenten und mutigen Tiere keine echte Gefahr für uns, da sie Menschen meiden.
Im Hinblick auf das Thema Resilienz lassen sich der unerschütterliche Mut und Zusammenhalt der Wölfe gut für die Angstbewältigung nutzen. Viele Kinder fühlen sich sicher, wenn sie einen Partner an der Seite haben, der ihnen in Angstsituationen die nötige Sicherheit vermittelt. Wer wäre da geeigneter als ein Stofftier-Wolf, dem die Kinder ihre Ängste anvertrauen können? Die Kinder basteln hier nach einer Vorlage einen solchen Wolf, der ihnen Mut verleiht.

Weitere Materialien für jedes Kind:

- ✗ Filz (DIN A4)
- ✗ Kreide
- ✗ Schere
- ✗ Kleber
- ✗ Watte
- ✗ 2 Wackelaugen

Baustein 8: Der Wutball (S. 53)

Darum geht's:

Wut ist ein Gefühl, das alle Kinder kennen. Wie alle anderen Emotionen auch gehört es zum menschlichen Gefühlsspektrum und sollte nicht unterdrückt, sondern gelebt werden dürfen. Das bedeutet natürlich nicht, dass die Kinder einen Freifahrtschein erhalten, ihrer Wut in Form körperlicher oder verbaler Attacken Ausdruck zu verleihen. Dennoch brauchen sie ein Ventil dafür. Hier setzt der Wutball an, der im Fall der Fälle zur Auslebung der Wut genutzt werden kann. **Leser und Nichtleser** stellen einen solchen Wutball her.

Weitere Materialien für jedes Kind:

- ✗ 3 Luftballons
- ✗ Schere
- ✗ 1–2 EL Vogelsand
- ✗ Löffel
- ✗ wasserfester Filzstift

Baustein 9: Traurig sein (S. 54–57)

Darum geht's:

Trauer ist ein Gefühl, das gesellschaftlich noch immer verpönt ist. Vor allem Jungen leiden unter der antiquierten Vorstellung, dass Trauer ein Gefühl sei, das lediglich dem weiblichen Geschlecht zugestanden werden darf. Dabei sind Trauer und auch das Traurigsein an sich wichtige Prozesse, dem im Rahmen der seelischen Widerstandsfähigkeit unbedingt Raum gegeben werden muss.
In diesem Baustein beschäftigen sich die Kinder mit ausgewählten Beispielsituationen als Auslöser für dieses Gefühl und überlegen sich eigenständig Methoden, um mit Trauer umzugehen.
Die **Nichtleser (☆)** arbeiten an dieser Stelle mit Bildmaterialien, die sie mithilfe von Talking Chips besprechen. Hier erhält jedes Kind im 4er-Team 3 Talking Chips, die es zur Besprechung der angegliederten Fragen nutzt. Ein Kind beginnt, nennt seine Antwort zur ersten Frage und legt einen seiner Chips in die Mitte. Im Anschluss äußert sich das nächste Gruppenmitglied und legt ebenfalls einen Chip in die Mitte. Die Kinder äußern sich so lange zu einer Frage, bis alle 12 Talking Chips auf dem Tisch liegen. Dabei können sie selbstverständlich auch Bezug zu den Antworten und Ideen der anderen Gruppenmitglieder nehmen. Auf diese Weise verfahren die Kinder mit allen Fragen.
Die **Leser (☆☆)** erhalten einen kurzen Text, den sie mithilfe der Think-Pair-Square-Methode bearbeiten. Dabei füllt zunächst jedes Kind die ersten

beiden Spalten seiner Tabelle aus, bevor es sich einen Partner sucht und die Lösungen vergleicht. Im Anschluss finden sich jeweils zwei Paare zu einer 4er-Gruppe zusammen und tauschen sich untereinander aus.

Weitere Materialien für die Nichtleser:

✗ Schere

Baustein 10: Gefühls-Chaos-Notfallplan (S. 58–60)

Darum geht's:

Gefühle wie Wut, Trauer oder Angst, die wir meist als negativ ansehen, machen auch vor unseren Kindern keinen Halt. Doch wie soll man damit umgehen? Wie lassen sich Wut, Trauer und Angst aushalten? Dieser Frage gehen die **Leser und Nichtleser** in diesem Baustein auf den Grund, indem sie sich mithilfe der Placemat-Methode zunächst über ihre Ideen zum Umgang mit diesen Emotionen klarwerden und austauschen, bevor sie im Anschluss ihren eigenen Notfallplan aufstellen. Legen Sie dazu für jede 4er-Gruppe jeweils drei auf DIN A3 vergrößerte Kopien der Placemat-Vorlage bereit. Kreisen Sie auf jeder der drei Kopien jeweils eines der drei Bilder für Wut, Trauer und Angst ein, sodass den Kindern deutlich wird, um welches Symbol es sich handelt.

Weitere Materialien für jedes Kind:

✗ Schere

Baustein 11: Dankbar sein (S. 61–63)

Darum geht's:

Dankbarkeit ist ein besonderes Gefühl, das uns Kraft spendet und stärkt. Haben Sie einmal bewusst Dankbarkeit gespürt? Wenn Sie sich wie bei einer Meditation einmal für kurze Zeit nur auf Dinge, Lebewesen und Ereignisse fokussieren, für die Sie dankbar sein können, wird Ihnen schnell eine Änderung Ihrer Grundstimmung auffallen. Dankbarkeit hat die Eigenschaft, alle anderen Gefühle kleiner werden zu lassen, und nimmt negativ empfundenen Emotionen wie Angst oder Wut den Raum. Somit ist dieses Gefühl eines der wichtigsten Werkzeuge auf dem Weg zur Resilienz. Auch unsere Kinder sollten damit in Berührung kommen. Im Baustein „Dankbar sein" setzen sich die Kinder genau damit auseinander, indem sie sich bewusstmachen, wofür sie dankbar sein können.

Die **Nichtleser (☆)** erhalten als Anregung Bilder und ergänzen diese, während die **Leser (☆☆)** einen Informationstext lesen und ihre Überlegungen gemeinsam mit einem Partner in eine ABC-Vorlage eintragen.

Meine Gefühle

Baustein	So hat es geklappt: ☺	😐	☹
So viele Gefühle			
Ich fühle mich ...			
Gefühle in mir			
So sehen meine Gefühle aus			
Meine Gefühls-Uhr			
Alle Gefühle sind wichtig			
Mutig wie ein Wolf			
Der Wutball			
Traurig sein			
Gefühls-Chaos-Notfallplan			
Dankbar sein			

So viele Gefühle (1/2)

1. **Schneidet die Lupe aus.**
2. **Schiebt die Lupe zwischen Folie und schwarze Pappe.**
3. **Schaut euch die Bilder mit eurer Lupe an. Bewegt sie dazu langsam zwischen der Pappe und der Folie.**
4. **Sprecht über diese Fragen:**
   a) Wie fühlen sich die Kinder?
   b) Woran erkennt ihr das?

So viele Gefühle (2/2)

So viele Gefühle

Jedes Lebewesen hat Gefühle. Auch wenn du manche Gefühle vielleicht blöd findest, sind sie trotzdem wichtig. Gefühle machen dein Leben bunt. Sie zeigen dir, wie du zu dem stehst, was du erlebst. Ist das nicht toll?

1. Wie heißen die Gefühle? Schreibe zu jedem Bild das passende Gefühl.

2. Welche Gefühle kennst du noch? Male sie in die leeren Kästchen.

3. Schreibe den Namen des Gefühls dazu.

4. Suche dir einen Partner. Vergleicht eure Ergebnisse.

5. Sprecht darüber, woran ihr erkennt, wie sich die Personen fühlen.

© Verlag an der Ruhr | Autorin: Aline Kurt | ISBN 978-3-8346-3581-5 | www.verlagruhr.de

Ich fühle mich ... (1/2)

Ihr braucht:

- Würfelvorlage
- Pappe
- Kleber
- Schere

So geht es:

1. Suche dir einen Partner. Bastelt gemeinsam den Gefühlswürfel.
2. Klebt die Würfelvorlage auf Pappe.
3. Malt in die beiden leeren Felder jeweils ein Gefühl dazu.
4. Schneidet die Vorlage aus.
5. Klebt den Würfel an den Klebeflächen zusammen.
6. Würfelt abwechselnd. Macht euch gegenseitig das Gefühl vor. Erzählt eurem Partner, wann ihr euch das letzte Mal so gefühlt habt. Was war der Grund?

© Verlag an der Ruhr | Autorin: Aline Kurt | ISBN 978-3-8346-3581-5 | www.verlagruhr.de

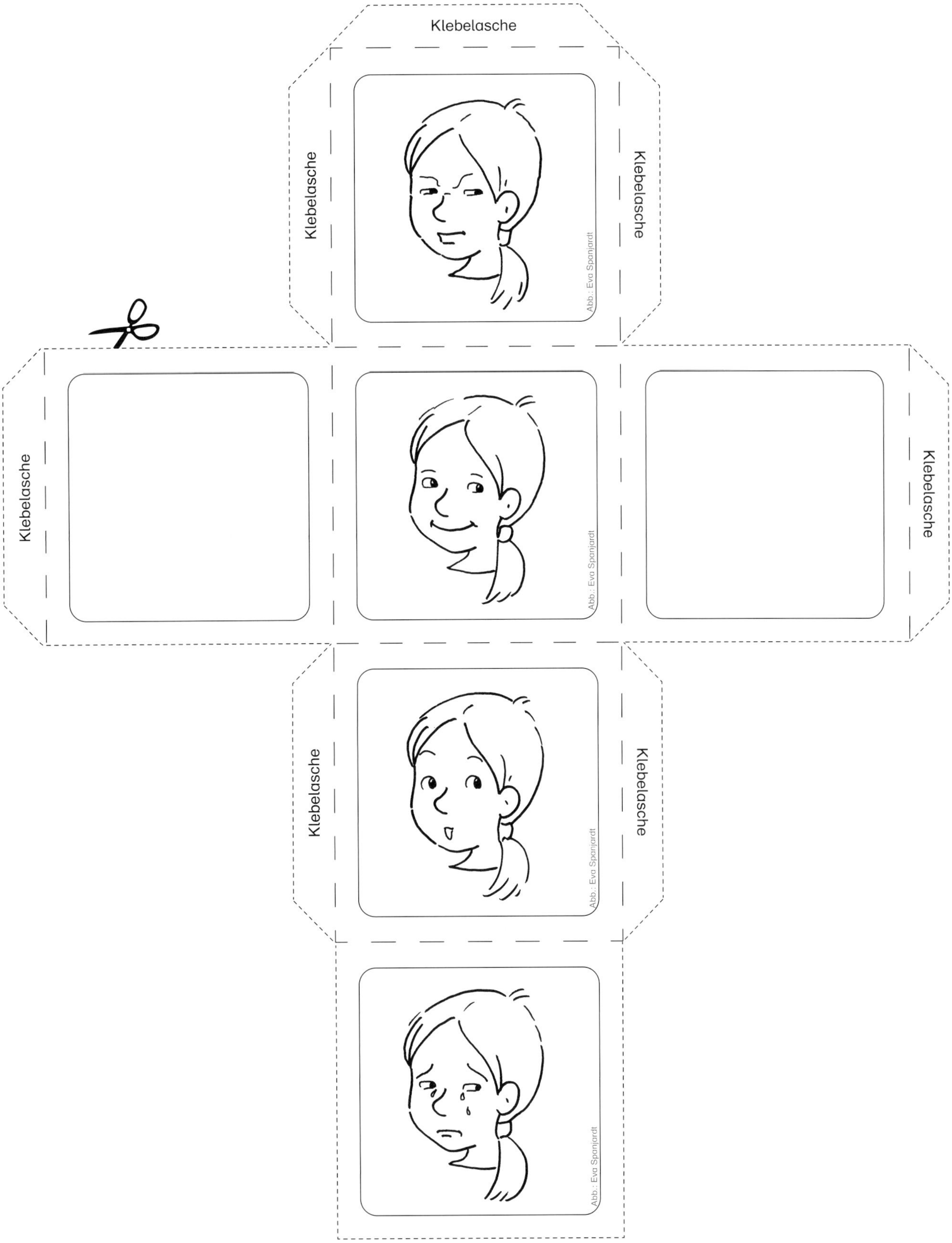

Klebelasche

Klebelasche

Klebelasche

Abb.: Eva Spanjardt

Klebelasche

Abb.: Eva Spanjardt

Klebelasche

Klebelasche

Abb.: Eva Spanjardt

Klebelasche

Abb.: Eva Spanjardt

Ich fühle mich ...

Unsere Gefühle sind nicht immer gleich. Es gibt keinen Menschen, der immer glücklich ist. Wir alle sind auch mal traurig, wütend, eifersüchtig oder fühlen uns hilflos. Das ist völlig normal. Wichtig ist, dass wir erkennen, wie wir uns in bestimmten Situationen fühlen.

1. Wie fühlen sich die Kinder?

....

....

2. Ergänze die Satzanfänge.

Ich bin wütend, wenn ....

Es macht mich traurig, wenn ....

Ich bin glücklich, wenn ....

3. Bestimmt warst du auch schon einmal eifersüchtig. Wie fühlt sich das an? Finde zu jedem Buchstaben ein passendes Wort. Schreibe es auf die Linien.

E ....

I ....

F ....

E ....

R ....

S ....

U ....

C ....

H ....

T ....

© Verlag an der Ruhr | Autorin: Aline Kurt | ISBN 978-3-8346-3581-5 | www.verlagruhr.de

Gefühle in mir

1. **Schneide die Bilder aus.**
2. **Wo in deinem Körper spürst du die Gefühle?**
3. **Klebe sie an die Stelle.**
4. **Suche dir zwei andere Kinder. Vergleicht eure Bilder.**

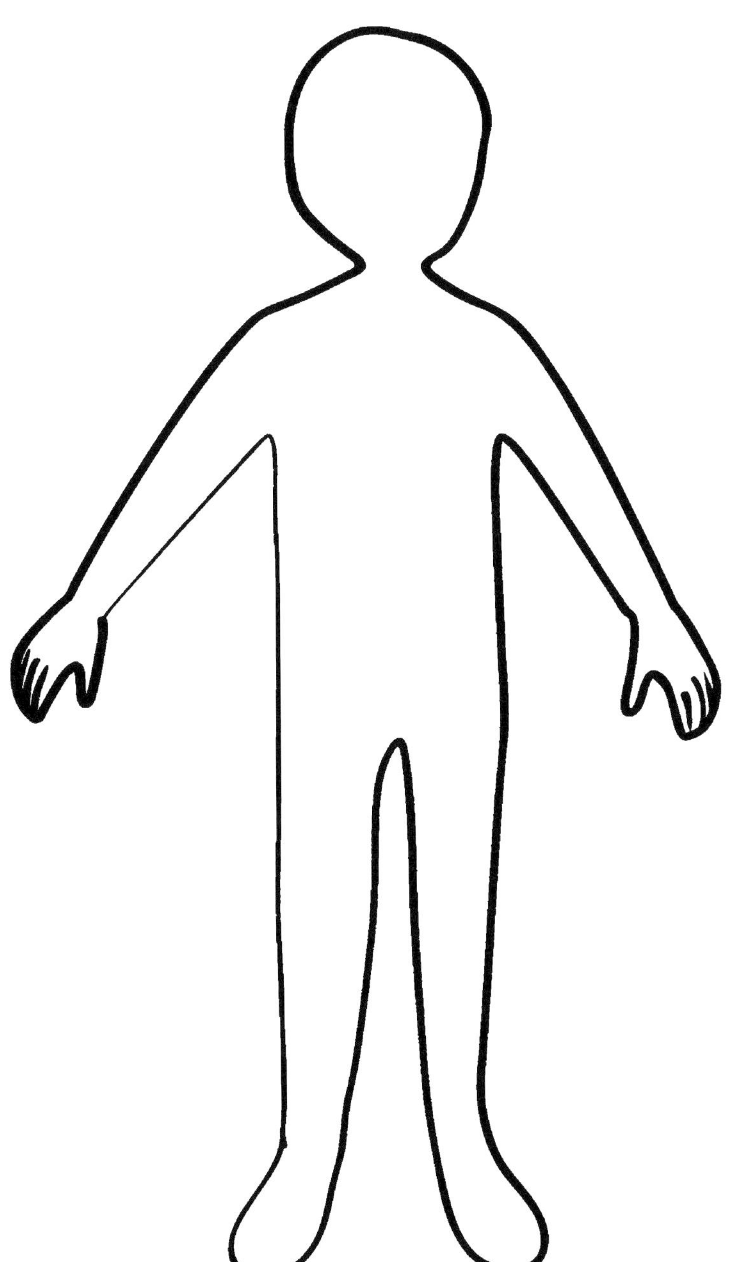

So sehen meine Gefühle aus

1. **Wie sehen Gefühle bei dir aus?**
   Male dich selbst in den Spiegel.
2. **Welche Farben passen zu den Gefühlen?**
   Male deine Gesichter an.

Ich bin wütend.

Ich bin glücklich.

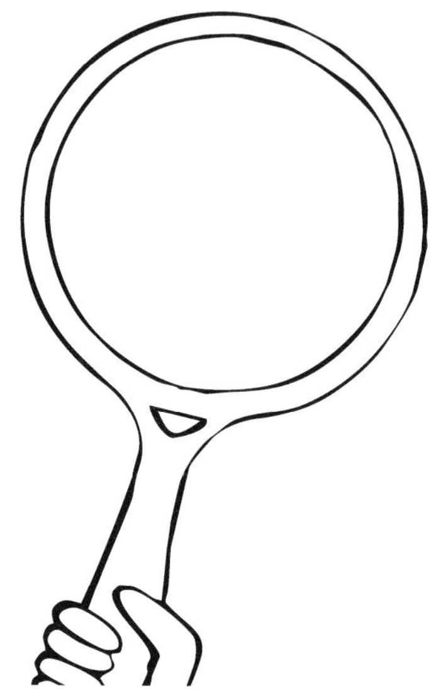

Ich bin entspannt.

Ich bin traurig.

Ich bin ängstlich.

© Verlag an der Ruhr | Autorin: Aline Kurt | ISBN 978-3-8346-3581-5 | www.verlagruhr.de

So sehen meine Gefühle aus

Gefühle sind unsichtbar. Vielleicht können wir sie deshalb so schlecht beschreiben. Doch Gefühle lösen etwas in dir aus. An den Gesichtern anderer Menschen siehst du, wie sie sich fühlen. Entspannte und glückliche Menschen sehen anders aus als wütende, traurige oder ängstliche Leute. Trotzdem bleibt das Gefühl im Inneren unsichtbar. Versuche doch einmal, ein Symbol dafür zu finden.

1. Suche dir drei Mitschüler.

2. Stellt gemeinsam die Knete her.

Ihr braucht:

- 1 Tasse Spülmittel
- 3 Tassen Speisestärke
- Lebensmittelfarbe (rot, gelb, grün, blau)
- 4 Schüsseln
- 1 Löffel

So geht es:

1. Gebt das Spülmittel in eine Schüssel.
2. Fügt die Speisestärke hinzu.
3. Rührt alles mit dem Löffel so lange durch, bis sich kleine Klümpchen bilden.
4. Knetet nun mit den Händen, bis ein Teig entstanden ist.
5. Teilt die Knete auf vier Portionen auf.
6. Gebt jede Portion in eine Schüssel.
7. Fügt in jeder Schüssel eine andere Farbe zum Teig hinzu.
8. Knetet die Farben gut unter.

3. Überlegt euch, welche Gefühle ihr kennt.

4. Wie könnten die Gefühle aus Knete aussehen? Einigt euch darauf, wer welches Symbol herstellt.

Meine Gefühls-Uhr (1/2)

Du brauchst:

- Vorlage „Meine Gefühls-Uhr“
- Pappe
- Kleber
- Schere
- Buntstifte
- Musterklammer

So geht es:

1. Welche Gefühle kennst du? Male in jedes Feld ein Bild.
2. Klebe die Vorlage auf Pappe.
3. Schneide die Uhr und die Zeiger aus.
4. Stich ein Loch in die Zeiger.
5. Stich ein Loch in die Mitte der Uhr.
6. Befestige die Zeiger mit der Musterklammer an der Uhr.

Stelle die Uhr auf das Gefühl, das du gerade spürst.
Schau dir die Uhren der anderen Kinder an.
Kannst du ihr Gefühl erkennen?

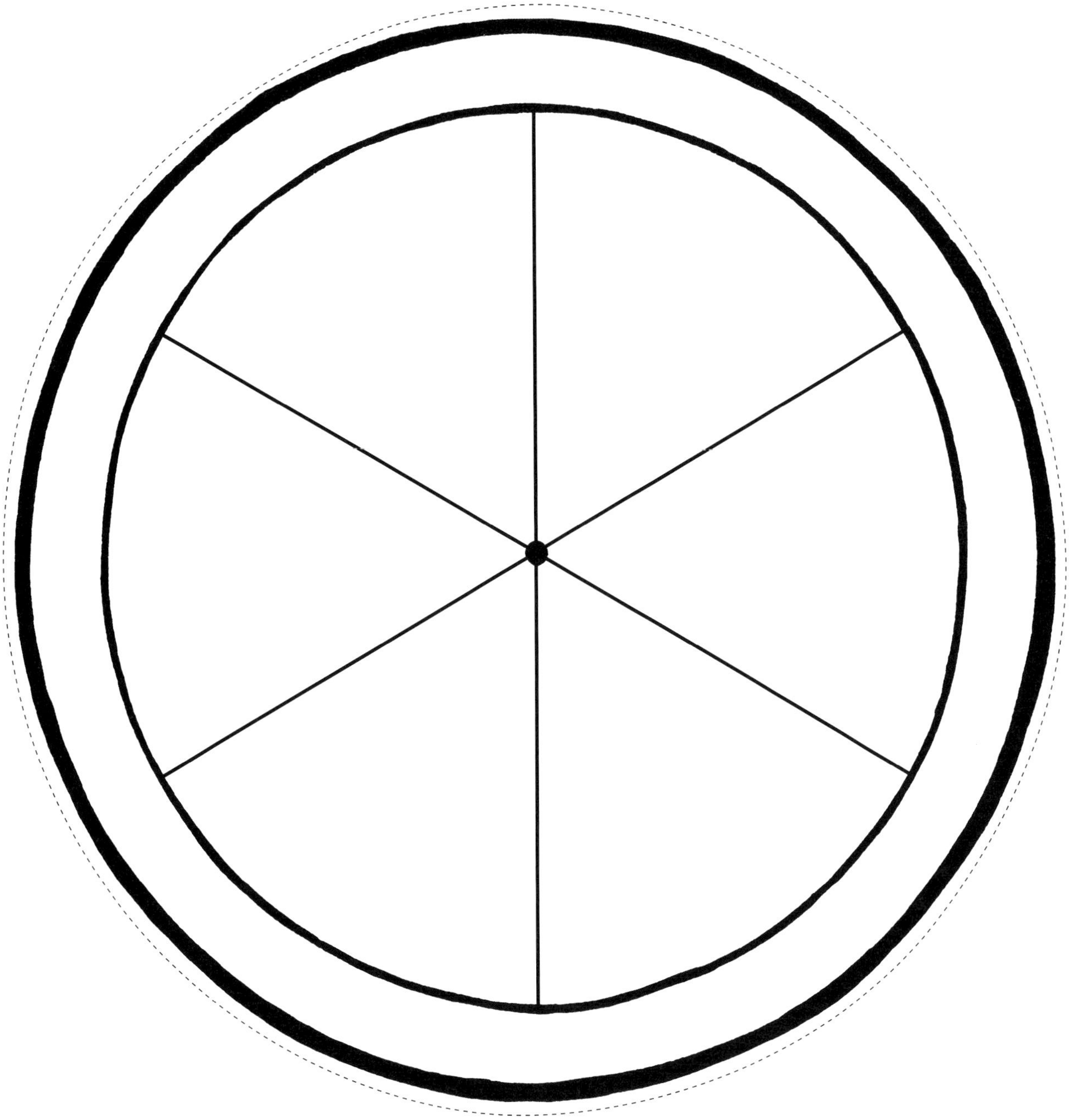

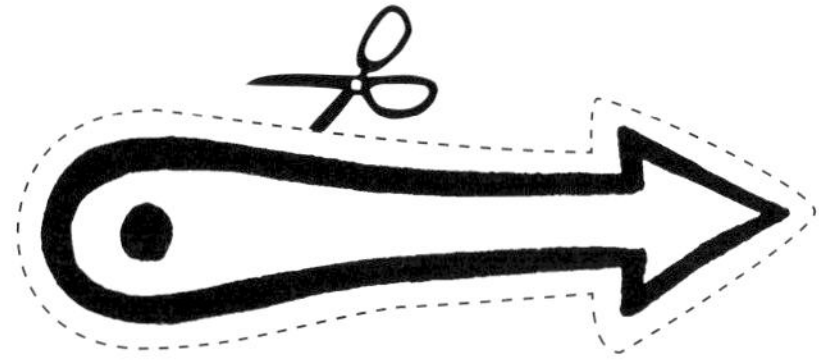

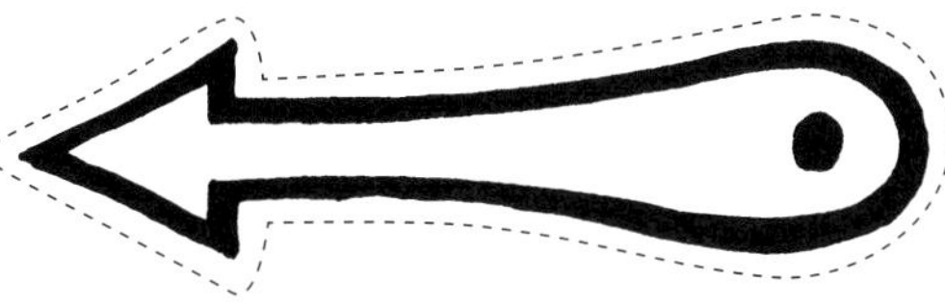

Alle Gefühle sind wichtig

1. Schneide die Bilder aus.
2. Was gehört zusammen? Suche zu jedem Bild das passende Gegenstück.
3. Klebe die Bilder nebeneinander auf.
4. Suche dir einen Partner.
5. Überlegt, was die Bilder mit Gefühlen zu tun haben.
6. Malt zu jedem Bild das passende Gefühl.
7. Sprecht darüber, warum alle Gefühle gleich wichtig sind.

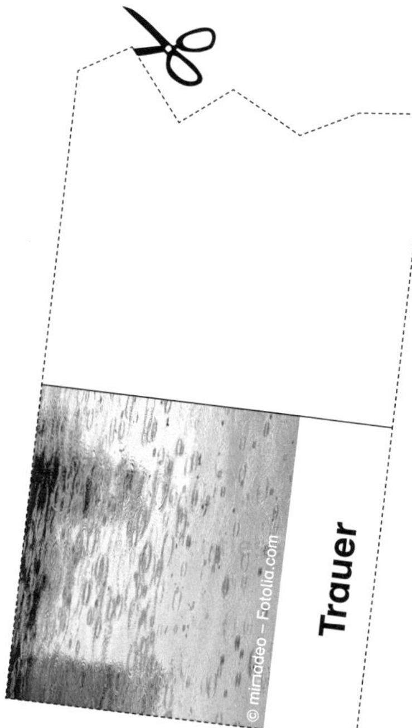

© luisapuccini – Fotolia.com

Gelassenheit

© Lulu Berlu – Fotolia.com

Freude

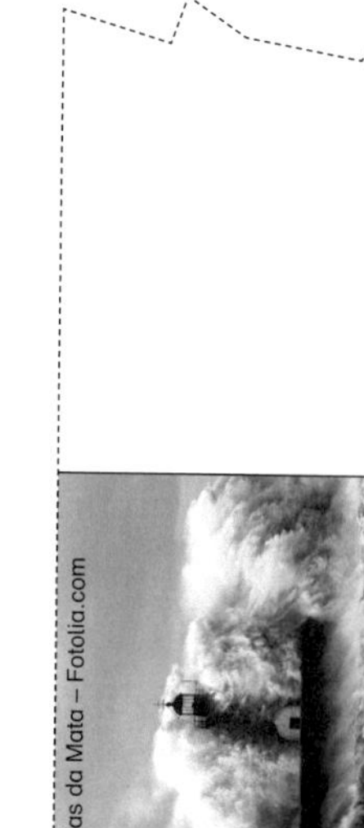

© Verlag an der Ruhr | Autorin: Aline Kurt | ISBN 978-3-8346-3581-5 | www.verlagruhr.de

Alle Gefühle sind wichtig (1/2)

Willu landet mit seinem Raumschiff auf der Erde. Dort soll er die Menschen erforschen. Willu findet das ziemlich spannend. Noch niemals zuvor hat er einen Menschen aus der Nähe gesehen. Er kennt nur die anderen Glückies von seinem Planeten. Wie auch bei den Menschen sieht jeder Glückie anders aus. Jeder hat seine eigenen Fähigkeiten und so ist jeder Glückie auf seine Weise einzigartig.

Willu pirscht sich an eine Schule heran. Es ist gerade Pausenzeit. Aus einem Gebüsch heraus schaut er sich das bunte Treiben an. Auf den ersten Blick sehen die Menschen den Glückies relativ ähnlich. „Fein, sie sind genau wie wir", freut sich Willu. Dass sich der Außerirdische freut, ist nichts Ungewöhnliches, denn Glückies kennen keine anderen Gefühle. Plötzlich wird Willu jedoch aufmerksam. Direkt vor seinem sicheren Versteck wird es ziemlich laut. Zwei Kinder streiten sich. Willu findet das interessant. Er wüsste zu gerne, warum die Kinder plötzlich so komisch aussehen. Ihre Gesichter verziehen sich zu Grimassen und sie wirken nicht sonderlich freundlich. Aus den Augen des einen Kindes fließen winzige Wassertropfen. Was das wohl ist? Ob das Kind undicht ist?

Vor lauter Freude über diese interessante Entdeckung verlässt Willu mit einem Sprung das Gebüsch. Er muss unbedingt mit den Kindern sprechen. Doch die Kinder sind in ihren Streit vertieft. Erst als der Glückie sie freudestrahlend in den Arm nimmt, nehmen sie ihn wahr. „Spinnst du? Was gibt es denn hier zu lachen!", motzen die Kinder ihn an. „Ich wüsste gerne, warum ihr euch gerade so komisch verhaltet. Seht ihr so aus, wenn ihr glücklich seid?", fragt Willu fröhlich. Denn an ihm prallen Gemeinheiten ganz einfach ab. Willu kennt keine Wut, Angst oder Trauer. Die Kinder sind über diese Frage ziemlich erstaunt. „Ich bin nicht glücklich, sondern stinkwütend!", motzt Wotan, einer der beiden Streithähne. „Und ich bin traurig, weil Wotan so gemein zu mir ist", erklärt Svenja. Willu kratzt sich fragend am Kopf. „Könntet ihr mir das mal genauer erklären? Was ist Wut? Und warum läuft Wasser aus deinen Augen, wenn du traurig bist?", fragt Willu mit einem bezaubernden Lächeln. Wotan ist das Ganze zu blöd. Er dreht sich um und geht. Doch Svenja tut der kleine Kerl leid. Wenn sie nur wüsste, wie sie ihm die Sache mit den Gefühlen erklären kann …

Alle Gefühle sind wichtig (2/2)

1. **Lies dir die Geschichte durch.**
2. **Suche dir einen Partner. Wenn du auf der linken Seite sitzt, bist du Partner A. Sitzt du rechts, so bist du Partner B.**
3. **Partner A beginnt. Er liest Partner B die erste Frage in seiner Spalte vor und nennt die Antwort. Ist Partner B damit einverstanden, trägt Partner A diese Antwort ein. Falls nicht, denkt ihr gemeinsam über eine andere Antwort nach.**
4. **Nun ist Partner B an der Reihe. Macht abwechselnd so weiter.**

Partner A **Name:**	**Partner B** **Name:**
Warum ist Willu auf die Erde gereist?	Was ist ein Glückie?
Was sieht Willu auf dem Schulhof?	Wie reagiert Willu darauf?
Wie fühlen sich Kevin und Svenja?	Wie fühlt sich Willu?
Was würdest du Willu über die Gefühle erzählen?	Stell dir vor, du wärst immer glücklich. Wie wäre das für dich?
Warum ist es wichtig, auch einmal wütend zu sein?	Warum ist es wichtig, auch einmal traurig zu sein?

© Verlag an der Ruhr | Autorin: Aline Kurt | ISBN 978-3-8346-3581-5 | www.verlagruhr.de

Mutig wie ein Wolf (1/2)

Wölfe sind mutig.
Sie stellen sich ihrer Angst.
Wölfe beschützen einander. Gemeinsam sind sie stark.

Auch dir kann der mutige Wolf helfen, wenn du Angst hast.
Bastele deinen eigenen Beschützer.

Du brauchst:

- ⊙ Bastelvorlage
- ⊙ Filz (DIN A4)
- ⊙ Kreide
- ⊙ Schere
- ⊙ Bastelkleber
- ⊙ Watte
- ⊙ 2 Wackelaugen

So geht es:

1. Schneide die Bastelvorlage aus.
2. Knicke den Filz in der Mitte.
3. Lege die Bastelvorlage darauf.
4. Fahre die Umrisse mit Kreide nach.
5. Schneide den Wolf aus.
6. Klebe die Filzstücke an den Beinen des Wolfs zusammen.
7. Fülle den Wolf mit Watte aus.
8. Klebe den Rest zusammen.
9. Klebe die Wackelaugen auf.

Mutig wie ein Wolf (2/2)

© wectorcolor – Fotolia.com

Mutig wie ein Wolf (2/2)

© wectorcolor – Fotolia.com

Kordel: © picsfive – stock.adobe.com; Logo Kopfzeile: Bettina Weyland

© Verlag an der Ruhr | Autorin: Aline Kurt | ISBN 978-3-8346-3581-5 | www.verlagruhr.de

Du brauchst:

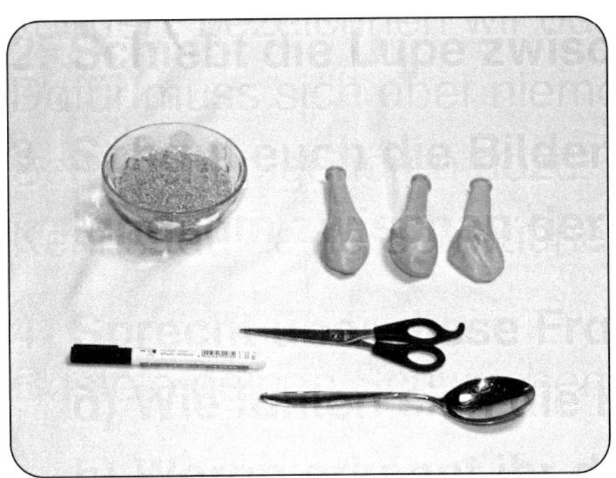

So geht es:

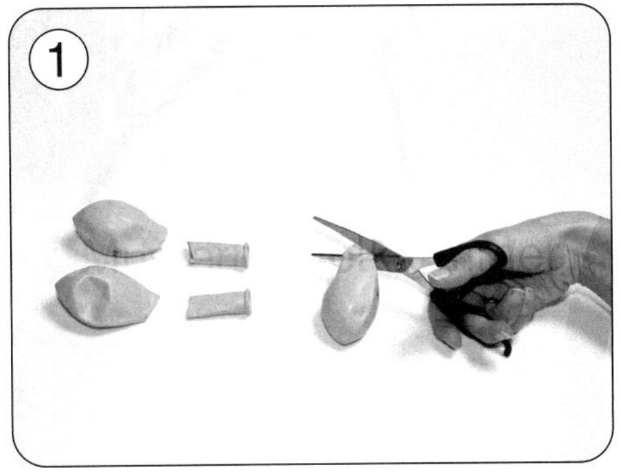

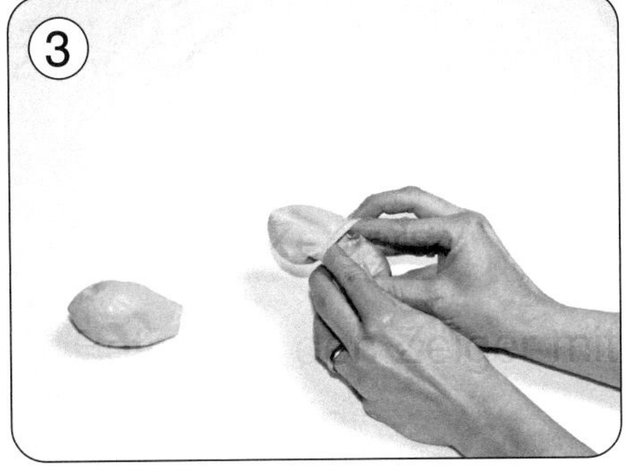

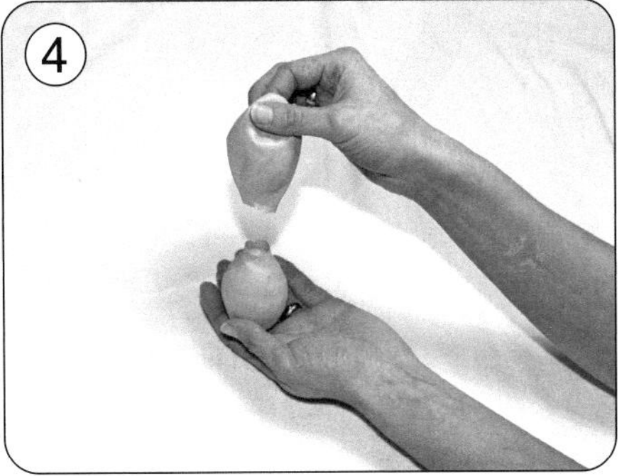

Traurig sein (1/2)

1. **Schau dir die Bilder an.**
2. **Suche dir 3 Partner.**
3. **Schneidet die Rede-Chips aus. Jeder bekommt 3 Stück.**
4. **Sprecht nun über die folgenden Fragen. Legt jedes Mal, wenn ihr sprecht, einen Chip in die Mitte. Macht das so lange, bis alle Chips in der Mitte liegen. Besprecht dann die nächste Frage.**

   a) Warum sind die Kinder traurig?

   b) Was können sie machen, um nicht mehr traurig zu sein?

   c) Hast du auch schon einmal so etwas erlebt?

   d) Was hast du da gemacht?

© Verlag an der Ruhr | Autorin: Aline Kurt | ISBN 978-3-8346-3581-5 | www.verlagruhr.de

Traurig sein (1/2)

Arne hat lange für die Klassenarbeit gelernt. Gespannt wartet er auf die Note. Als Arne sieht, dass er eine Fünf bekommen hat, muss er schlucken. „Das darf doch wohl nicht wahr sein“, denkt er und spürt, wie sich der Kloß im Hals auflöst. Er entlädt sich in vielen, riesigen Tränen, die über Arnes Wangen fließen.

© photophonie – Fotolia.com

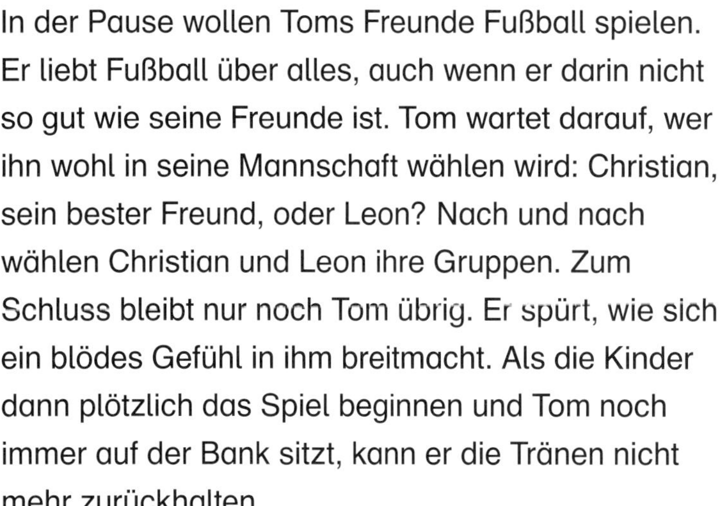

In der Pause wollen Toms Freunde Fußball spielen. Er liebt Fußball über alles, auch wenn er darin nicht so gut wie seine Freunde ist. Tom wartet darauf, wer ihn wohl in seine Mannschaft wählen wird: Christian, sein bester Freund, oder Leon? Nach und nach wählen Christian und Leon ihre Gruppen. Zum Schluss bleibt nur noch Tom übrig. Er spürt, wie sich ein blödes Gefühl in ihm breitmacht. Als die Kinder dann plötzlich das Spiel beginnen und Tom noch immer auf der Bank sitzt, kann er die Tränen nicht mehr zurückhalten.

© Jan H. Andersen – Fotolia.com

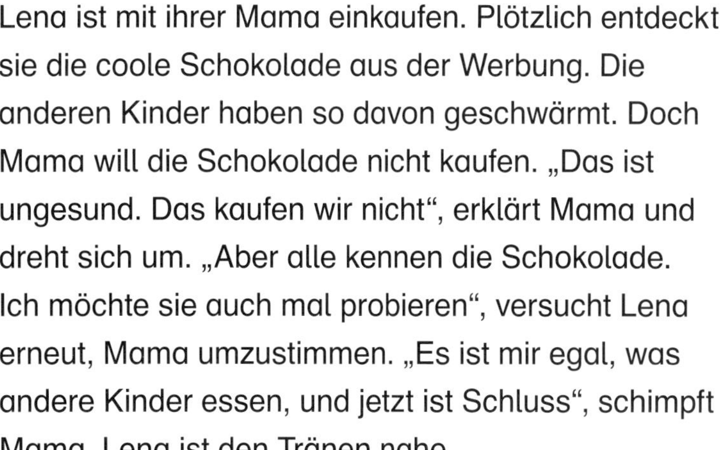

Lena ist mit ihrer Mama einkaufen. Plötzlich entdeckt sie die coole Schokolade aus der Werbung. Die anderen Kinder haben so davon geschwärmt. Doch Mama will die Schokolade nicht kaufen. „Das ist ungesund. Das kaufen wir nicht“, erklärt Mama und dreht sich um. „Aber alle kennen die Schokolade. Ich möchte sie auch mal probieren“, versucht Lena erneut, Mama umzustimmen. „Es ist mir egal, was andere Kinder essen, und jetzt ist Schluss“, schimpft Mama. Lena ist den Tränen nahe.

© highwaystarz – Fotolia.com

Merlin ist Annas bester Freund. Ihm kann Anna alles erzählen. Doch seit einigen Tagen geht es dem kleinen Meerschweinchen nicht gut. Merlin ist krank. Anna macht sich große Sorgen um ihn. Sie ist fürchterlich traurig. Was ist, wenn Merlin nicht gesund wird?

© Berty – Fotolia.com

© Verlag an der Ruhr | Autorin: Aline Kurt | ISBN 978-3-8346-3581-5 | www.verlagruhr.de

Traurig sein (2/2)

	1. Warum sind die Kinder traurig?	2. Was können sie dagegen machen?	3. Was könnten die Kinder außerdem tun?
© photophonie – Fotolia.com			
© Jan H. Andersen – Fotolia.com			
© highwaystarz – Fotolia.com			
© Berty – Fotolia.com			

1. Fülle die ersten beiden Spalten der Tabelle aus.
2. Suche dir einen Partner.
3. Vergleicht eure Antworten.
4. Trage die Ideen deines Partners in die dritte Spalte ein.
5. Sucht euch eine andere Gruppe. Stellt euch gegenseitig eure Ergebnisse vor. Einigt euch auf gemeinsame Vorschläge. Schreibe sie auf die Rückseite.

Gefühls-Chaos-Notfallplan (1/3)

Trauer, Wut und Angst können ganz schön fies sein. Jeder hat bestimmte Tricks, um damit umzugehen.

1. **Suche dir 3 andere Kinder.**
2. **Legt nacheinander das Platzdeckchen für Trauer, Wut und Angst vor euch.**
3. **Male oder schreibe in das Feld, das vor dir liegt, wie du damit umgehst.**
4. **Vergleicht eure Ideen.**
5. **Schreibt oder malt gemeinsame Ideen in die Mitte.**
6. **Sucht euch eine andere Gruppe. Vergleicht eure Ideen.**
7. **Male oder schreibe nun deinen eigenen Notfallplan für die Gefühle.**

Wut

© Riza – Fotolia.com

Angst

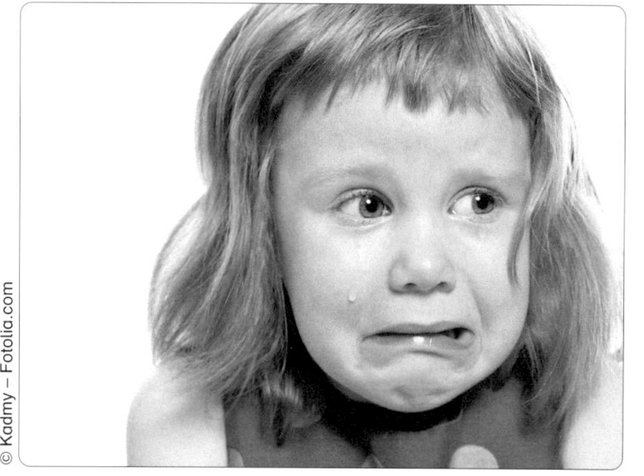

© Kadmy – Fotolia.com

Trauer

© Berty – Fotolia.com

© Verlag an der Ruhr | Autorin: Aline Kurt | ISBN 978-3-8346-3581-5 | www.verlagruhr.de

© Berty – Fotolia.com

© Riza – Fotolia.com

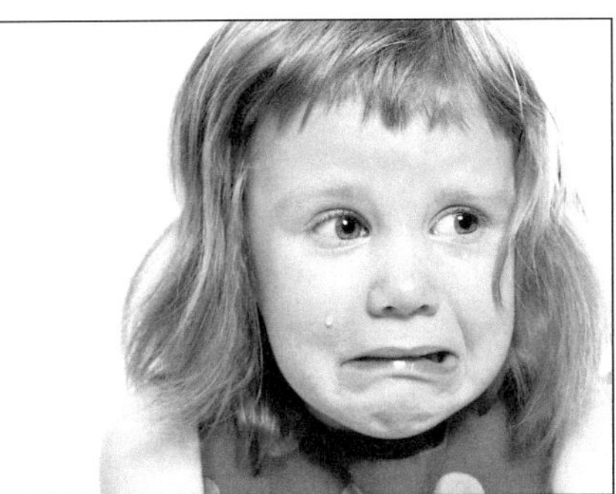

© Kadmy – Fotolia.com

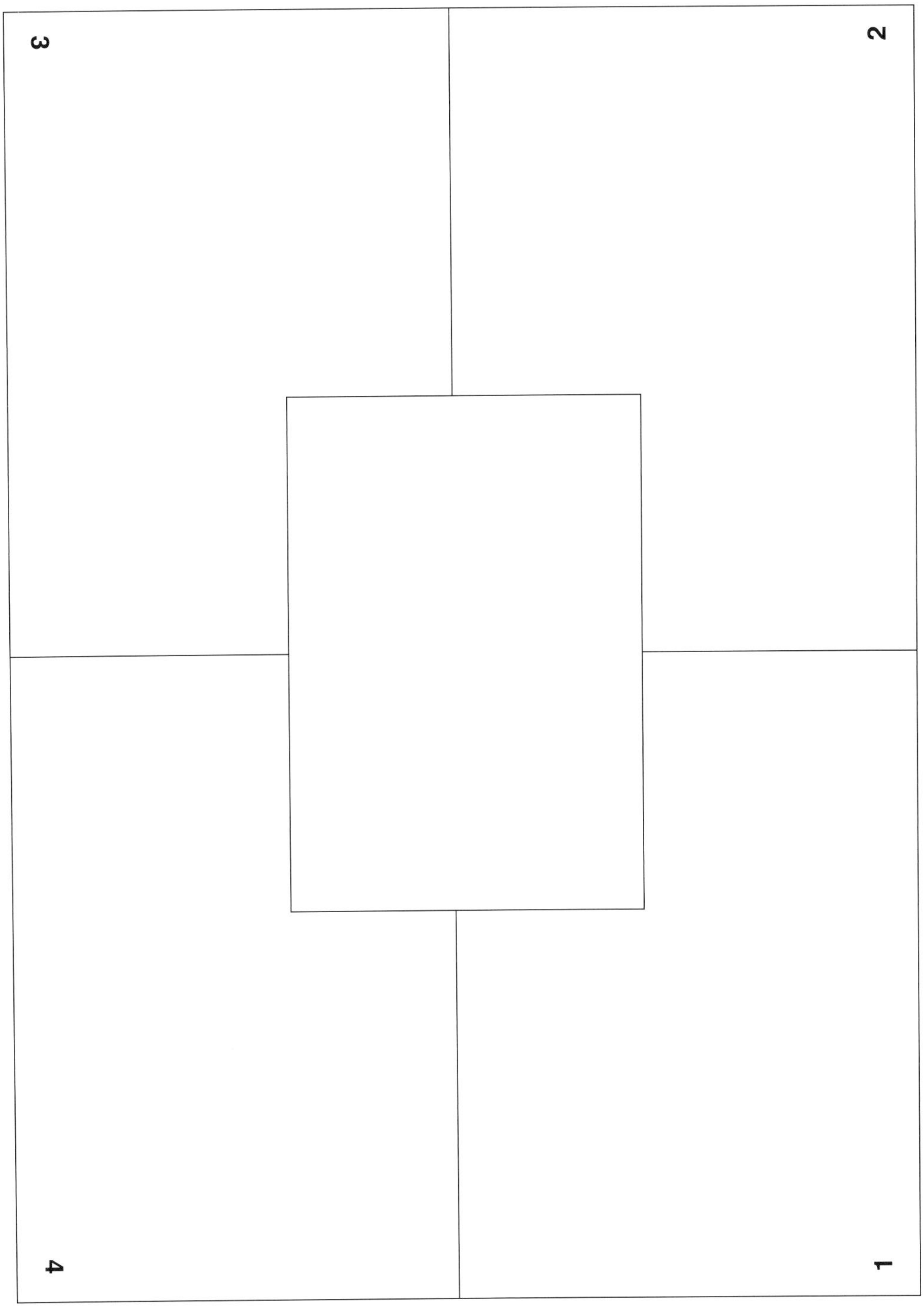

3

2

4

1

Gefühls-Chaos-Notfallplan (3/3)

1. **Schneide die beiden Teile aus. Knicke an den gestrichelten Linien und klebe die Teile zusammen. Es entsteht ein Leporello.**
2. **Trage in jedes Feld ein, was dir hilft, wenn du wütend, traurig oder ängstlich bist.**
3. **Trage den Notfallplan in deiner Hosentasche bei dir.**

Wenn ich traurig bin,

hilft mir:

Wenn ich wütend bin,

hilft mir:

Gefühls-Chaos-Notfallplan

Wenn ich ängstlich bin,

hilft mir:

Abb.: Eva Spanjardt

(Klebefläche)

© Verlag an der Ruhr | Autorin: Aline Kurt | ISBN 978-3-8346-3581-5 | www.verlagruhr.de

Dankbarkeit ist ein tolles Gefühl. Du fühlst dich gut und stark, wenn du dankbar bist.

1. Wofür bist du dankbar? Male an.

2. Wofür bist du noch dankbar?
Male oder schreibe in die freien Felder.

Dankbar sein (1/2)

Dankbarkeit ist ein tolles Gefühl! Es macht glücklich und gelassen. Wenn man dankbar ist, fühlt es sich an, als wäre man komplett. Es scheint so, als könnte einem nichts und niemand etwas anhaben, wenn man dankbar ist. Die Dankbarkeit sorgt nämlich dafür, dass alle unangenehmen Gefühle immer kleiner werden. Wenn du dich auf deine dankbaren Gefühle konzentrierst, werden Wut, Aufregung, Sorgen und Ängste kleiner. Auch die Traurigkeit lässt nach. Dankbar zu sein gibt dir also jede Menge Kraft. Sie sorgt dafür, dass du dich so richtig wohlfühlst. Es gibt vieles, wofür man dankbar sein kann. Eigentlich kann man für alles dankbar sein. Leider ist aber vieles für uns selbstverständlich. So erscheint es uns völlig normal, dass wir ein Zuhause, Essen, Wasser und Kleidung haben und zur Schule gehen können. Das ist schade, denn das wären schon einmal tolle Gründe, um dankbar zu sein.

1. **Was bedeutet für dich Dankbarkeit? Schreibe zu diesem Gefühl ein Elfchen. Dieses Gedicht besteht aus 11 Wörtern. Schreibe auf jede Linie jeweils ein Wort.**

....

....

....

....

....

2. **Wofür bist du dankbar?**
   Fülle die ABC-Liste gemeinsam mit einem Partner aus. Ihr müsst nicht zu jedem Buchstaben ein Wort finden und dürft auch mehrere Wörter zu einem Buchstaben aufschreiben.

© Verlag an der Ruhr | Autorin: Aline Kurt | ISBN 978-3-8346-3581-5 | www.verlagruhr.de

Dankbar sein (2/2)

A ....

B ....

C ....

D ....

E ....

F ....

G ....

H ....

I ....

J ....

K ....

L ....

M ....

N ....

O ....

P ....

Q ....

R ....

S ....

T ....

U ....

V ....

W ....

X ....

Y ....

Z ....

Lautlos

Darum geht's:
Unsere innere Befindlichkeit spiegelt sich stets in Form von Mimik und Gestik in unserer Körpersprache wider. Resilienz erfordert eine genaue Auseinandersetzung mit dem breiten Spektrum der Gefühlswelt. Deshalb ist es wichtig, dass Kinder ihre Gefühle benennen und auch erkennen können. In diesem Baustein nähern sich die Kinder auf spielerische Weise der weiten Welt der Emotionen an, indem sie diese pantomimisch darstellen.

Material:
- ✗ Gefühlskarten (S. 69)
- ✗ Schere

Das bereiten Sie vor:
Schneiden Sie die Wortkarten aus, mischen Sie diese und bilden Sie daraus einen Stapel.

So geht's:
Wählen Sie ein Kind auf freiwilliger Basis aus, das das Spiel eröffnen darf. Das Kind zieht eine Karte aus dem Wortkarten-Stapel und stellt seinen Mitschülern das Gefühl pantomimisch dar. Helfen Sie den **Nichtlesern**, indem Sie ihnen das gezogene Gefühl ins Ohr flüstern.
Wer von den Mitschülern das dargestellte Gefühl zuerst errät, darf die nächste Karte ziehen und nun das darauf genannte Gefühl vormachen.

Variation: Sie können das Spiel auch mit Punkte-Vergabe durchführen. Teilen Sie dazu Ihre Klasse in zwei möglichst gleich starke Gruppen (A und B) ein. Wählen Sie aus Gruppe A ein Kind aus, das eine Wortkarte zieht und dieses Gefühl pantomimisch darstellt. Gruppe A hat nun eine Minute Zeit, um nacheinander möglichst viele Gefühle zu erraten. Für jedes richtig geratene Gefühl erhält die Gruppe einen Punkt, den Sie in Form einer Strichliste an der Tafel festhalten. Nach Ablauf der Zeit ist Gruppe B an der Reihe.
Führen Sie so viele Runden durch, bis alle Karten aufgebraucht sind, und ermitteln Sie dann anhand Ihrer Strichlisten die Siegergruppe.

Spiegel der Gefühle

Darum geht's:
Ist Ihnen schon einmal aufgefallen, wie schnell wir Emotionen anderer übernehmen? Ein Lachen kann dabei genauso ansteckend wirken wie Angst oder Wut. Selbstverständlich geschieht dies auf unterbewusster Ebene, sodass wir oftmals gar nicht wissen, woher die plötzliche Stimmung rührt. Auch oder vor allem die Kinder sind vom Übergreifen der Gefühle betroffen. Erklärt werden kann dieses Phänomen anhand der Spiegelneuronen im menschlichen Gehirn, die uns Lernerfahrungen durch andere Lebewesen ermöglichen, aber eben auch für eine Stimmungsübertragung verantwortlich sind. Wenn wir uns dessen bewusst sind, können wir aktiv dafür sorgen, Emotionen, die einen anderen Menschen betreffen, bei eben diesem zu lassen. Hier setzt die folgende Übung an, in der es darum geht, den Kindern das Phänomen des Gefühlsspiegels bewusst zu machen.

So geht's:
Stellen Sie sich mit den Kindern in einem großen Halbkreis auf. Achten Sie darauf, dass alle Kinder Sie gut sehen können. Beginnen Sie nun aus tiefstem Herzen zu lächeln. Wichtig ist, dass diese Emotion echt ist. Nur so kann sie sich binnen Sekunden auf die Kinder übertragen. Sobald dies geschehen ist, erzeugen Sie innerlich ein Gefühl der Wut. Denken Sie dabei aktiv an eine Situation oder ein Ereignis, bei dem Sie dieses Gefühl zuletzt erlebt haben. Auch hier wird sich die Emotion schnell in den Gesichtern und der Haltung der Kinder spiegeln. Wechseln Sie dann möglichst schnell wieder zu einem Gefühl der Liebe und Freude.

Besprechen Sie das Erlebnis mit den Kindern:
- ✗ *Was ist euch eben an mir aufgefallen?*
- ✗ *Was denkt ihr: Wie habe ich mich gefühlt?*
- ✗ *Wie ging es euch dabei?*
- ✗ *Was denkt ihr: Warum habt ihr euch so gefühlt?*
- ✗ *Habt ihr schon einmal erlebt, dass ihr plötzlich ein Gefühl hattet und nicht wusstet, woher es kommt?*
- ✗ *Wie war das für euch?*

Deine Gefühle will ich nicht

Darum geht's:
Diese Imaginationsübung knüpft an die vorhergehende Übung „Spiegel der Gefühle" an. Hier bekommen die Kinder wichtige Werkzeuge an die Hand, mit deren Hilfe sie sich aktiv vor fremden Gefühlen schützen können.

Das bereiten Sie vor:
Führen Sie die Schutzübungen zunächst mit sich selbst durch. So erhalten Sie ein Gefühl dafür, welche der Schutzübungen sich für Sie stimmig anfühlt. Dies ist besonders wichtig, da die Kinder mit Ihnen in Resonanz stehen. Falls Sie sich unbehaglich bei einer Übung fühlen, geht es auch den Kindern so. Demnach können Sie den Kindern nur dann einen aktiven Schutz vor überschwappenden Gefühlen vermitteln, wenn Sie selbst von dessen Kraft überzeugt sind. Auch wenn Sie zunächst Vorbehalte gegen alle diese Schutzmaßnahmen verspüren, tun Sie sich und den Kindern den Gefallen und probieren Sie diese zunächst noch ein zweites Mal allein aus. In unserer Gesellschaft sind wir alle viel zu sehr verkopft und haben verlernt, unserer Intuition zu trauen. Aus diesem Grund erscheint alles, was zunächst anders ist, als esoterischer Humbug.

So geht's:
Bitten Sie die Kinder, es sich auf ihren Plätzen so bequem wie möglich zu machen und die Augen zu schließen. Lesen Sie Ihnen die Einleitung vor, die für alle Übungen gleichermaßen genutzt werden kann. Achten Sie auf ausreichend Zeit zwischen den einzelnen Impulsen, sodass alle Kinder diese im Geiste nachvollziehen können.

Einleitung:
Atme tief ein und aus.
Spüre, wie du langsam zur Ruhe kommst.
Alle Gedanken verlassen deinen Kopf und ziehen vorbei.
Achte darauf, wie du dich nun fühlst. Wenn dich etwas stört und du ein unangenehmes Gefühl wahrnimmst, bitte das Gefühl, zu gehen. Sage ihm, dass du später für das Gefühl da sein willst. Denke nun an etwas, was dich so richtig glücklich macht. Denke so lange daran, bis du dich rundum wohlfühlst.

Leiten Sie die Kinder anschließend zu einer der folgenden Übungen an.

Meine Schutzhülle
Vor dir liegt ein riesiger Luftballon in deiner Lieblingsfarbe. Er möchte dich beschützen.
Klettere langsam in deinen Schutzballon.
Spüre, wie schön es sich darin anfühlt.
Du kannst alles tun, was du heute machen möchtest. Der Luftballon sorgt dafür, dass du nur deine eigenen Gefühle spürst.

Regenbogenhaut
Du siehst einen wundervollen Regenbogen in den schönsten Farben, die du dir nur vorstellen kannst.
Gehe langsam auf den Regenbogen zu.
Stelle dich darunter und lasse dich ganz von seinem Licht einhüllen.
Diese Regenbogenhaut wird dich den ganzen Tag begleiten. Sie sorgt dafür, dass die Gefühle der anderen nicht zu deinen werden.

Der Wasserfall
Hebe deine Arme in die Luft.
Spüre, wie über dir ein Wasserfall schwebt. Das warme Wasser wäscht alle Gefühle, die nicht zu dir gehören, einfach fort.
Nachdem du im Wasserfall gebadet hast, schützt er dich nun auch den restlichen Tag vor fremden Gefühlen.

Wütend sein

Darum geht's:
Wut zählt zu den Gefühlen, die oftmals gesellschaftlich verpönt sind. So bringen wir Erwachsenen den Kindern aus Unwissenheit bei, ihre Wut zu unterdrücken. Diese Umgangsweise wirkt sich schädlich auf die Resilienz aus, da alle Gefühle wahrgenommen und gelebt werden müssen, um mentale Widerstandsfähigkeit entwickeln zu

können. Wichtig ist demnach, sich mit der eigenen Wut auseinanderzusetzen. Dies geschieht bei den folgenden Rollenspielen zunächst dadurch, dass die Kinder sich mit diversen potenziell wutauslösenden Situationen auseinandersetzen und gemeinsam Lösungsstrategien entwickeln.

Material:
- ✗ Textkarten „Wütend sein" (S. 70)
- ✗ Schere

Das bereiten Sie vor:
Schneiden Sie die Textkarten aus.

So geht's:
Wählen Sie gemäß der ersten Rollenspiel-Textkarte die benötigte Anzahl an Kindern aus. Bitten Sie die Kinder, sich vor der Klasse aufzustellen. Lesen Sie nun den Inhalt der Karte vor. Die ausgewählten Kinder spielen die Szene nach.
Überlegen Sie gemeinsam mit allen:
- ✗ *Wie könnte das Kind nun reagieren?*
- ✗ *Wut sorgt manchmal dafür, dass wir uns körperlich abreagieren wollen. Wie denkt ihr darüber?*
- ✗ *Was würdet ihr in dieser Situation machen?*
- ✗ *Was fühlt sich richtig/falsch an?*

Stellen Sie gemeinsam mit der Gruppe verschiedene Szenarien für den Umgang mit der Wut nach. Machen Sie das so lange, bis alle Kinder mit dem „Ende" einverstanden sind.
Im Anschluss darf die nächste Gruppe nach vorn treten. Lesen Sie auch hier wieder den Inhalt der von Ihnen ausgewählten Textkarte vor, lassen Sie die Kinder diesen nachspielen und überlegen Sie im Plenum, wie mit dieser Wut am besten umgegangen werden kann. Verfahren Sie auf diese Weise mit allen Rollenspiel-Karten. Achten Sie abschließend darauf, dass allen Kindern deutlich wurde, dass verbale und/oder körperliche Gewalt gegenüber anderen niemals aus Wut entstehen darf.

Wut, lass nach

Darum geht's:
Anhand der vorhergehenden Rollenspiele „Wütend sein" haben die Kinder bereits vielfältige potenziell wutauslösende Situationen kennengelernt. Dabei haben sie erfahren, dass Gewalt keine Lösung ist. Doch was können die Kinder stattdessen tun, um ihre Wut herauszulassen, wenn Schimpfen, Schlagen und dergleichen nicht toleriert werden? Die Wut muss im Rahmen eines gesunden Umgangs mit Gefühlen herausgelassen werden, damit sie nicht ins Unterbewusstsein absinkt und den Kindern in naher oder ferner Zukunft um die Ohren fliegt. Unterdrückte Wut können Sie sich wie das Wasser in einem erhitzten Teekessel vorstellen. Öffnet sich das Ventil bei zu großer Hitze nicht selbstständig, droht der ganze Kessel zu explodieren. Gleichermaßen verhält es sich mit der Wut. Wird dieses Gefühl stets unterdrückt, ohne dass ihm ein Ventil geboten wird, platzt die Wut eines Tages heraus. Dies kann sich sowohl in Form von aggressivem Verhalten gegenüber anderen als auch in Autoaggression entladen. Mit der folgenden Übung helfen Sie den Kindern, Wut so herauszulassen, dass sie niemandem schaden kann.

Material für jedes Kind:
- ✗ Kissen oder Wutball (siehe S. 53)

Das bereiten Sie vor:
Sorgen Sie im Vorfeld dafür, dass ausreichend Kissen zur Verfügung stehen oder alle Kinder bereits den Wutball im Rahmen der Selbsterfahrungsübungen hergestellt haben.

So geht's:
Erinnern Sie die Kinder daran, dass Wut ein völlig normales Gefühl ist, das jeder Mensch ab und zu erlebt.
Bitten Sie die Kinder, sich an eine Situation zu erinnern, in der sie wütend waren. Fragen Sie:
- ✗ *Wie hat sich die Wut für euch angefühlt?*
- ✗ *Was habt ihr gemacht, damit sie geht? Oder ist die Wut von allein verschwunden?*

- *Wie fühlt ihr euch nun, wenn ihr erneut an das Ereignis denkt, das euch wütend gemacht hat?*

Jedes Kind erhält nun ein Kissen oder einen Wutball. Erneut holen die Kinder das wutauslösende Ereignis in ihrem Inneren hervor und leben nun die Wut an Kissen bzw. Ball aus. Dabei dürfen die Kinder auf das Kissen einschlagen, im Geiste Schimpfworte aussprechen oder was immer ihnen einfällt.
Auch wenn diese Vorgehensweise im ersten Moment alles andere als pädagogisch wertvoll klingt, probieren Sie es mit den Kindern aus. Wut muss unbedingt ausgelebt werden und diese Übung bietet den Kindern einen geeigneten Rahmen dafür, ohne dass irgendjemand oder -etwas dabei zu Schaden kommt.

Reflektieren Sie die Übung anschließend anhand der folgenden Fragen:

- *Wie habt ihr euch während der Übung gefühlt?*
- *Wie geht es euch jetzt?*
- *Könnt ihr euch vorstellen, eure Wut öfter so freizulassen?*

Machen Sie die Kinder abschließend darauf aufmerksam, dass die Übung nicht unmittelbar dann ausgeführt werden muss, wenn Wut auftaucht. Sind die Kinder beispielsweise am Vormittag wütend, können sie die Wut auch am Nachmittag oder Abend mithilfe von Kissen oder Wutball abbauen. Dazu müssen sie sich lediglich mental noch einmal in die wutauslösende Situation begeben.

Hinein in die Angst

Darum geht's:
Diese Übung entstammt der Psychotherapie. Ziel ist es, Ängste anzunehmen. Nur wenn sich die Kinder ihren eigenen Ängsten stellen und das Gefühl somit aktiv annehmen, öffnet sich das Tor der Resilienz.

Material:

- 1 Medizinball

Das bereiten Sie vor:
Räumen Sie im Klassenzimmer etwas Platz frei, sodass die Kinder den Medizinball ein Stück weit rollen können.

So geht's:
Zeigen Sie den Kindern den mitgebrachten Medizinball. Wer mag, darf versuchen, den Ball hochzuheben, diesen rollen und/oder näher untersuchen. Sagen Sie den Kindern, dass dieser schwere Ball die Angst symbolisiert.
Zurück am Platz, machen es sich die Kinder bequem und schließen ihre Augen. Vor ihrem inneren Auge versetzen sich die Kinder nun in eine Situation, die ihnen Angst bereitet hat. Dabei stellen sie sich den Medizinball vor, der eben diese Angst symbolisiert. Jeder geht nun für sich in Gedanken so lange auf den Medizinball bzw. die Angst zu, bis er genau davorsteht. Dabei darf jedes Kind sein individuelles Tempo selbst bestimmen. Sobald die Kinder in Gedanken vor ihrer Angst stehen, öffnet sich im Medizinball eine Tür, durch die sie hineintreten. Dies ist der Augenblick, in dem jeder die Angst angenommen hat und diese dadurch kleiner wird.

Reflektieren Sie die Übung im Anschluss anhand der folgenden Fragen:

- *Wie war es für euch, auf die Angst zuzugehen? Ist es euch schwergefallen oder war es leicht?*
- *Was denkt ihr: Woran liegt das?*
- *Wie fühlt ihr euch nun?*

Emotional Freedom Technique (EFT)

Darum geht's:
Bei EFT handelt es sich um eine Methode der energetischen Psychologie, die im Jahr 2012 von der American Psychological Association als wirksam anerkannt wurde und somit wissenschaftlich fundiert ist. Hierbei werden bestimmte Energie-

punkte am Körper stimuliert, was zum Abbau von Ängsten, Wut und anderen als negativ empfundenen Gefühlen beiträgt und somit ein hilfreiches Instrument auf dem Weg zur Resilienz darstellt.

Das bereiten Sie vor:
Schauen Sie sich im Vorfeld die Akupunkturpunkte genau an, damit Sie den Kindern diese zeigen können.

So geht's:
Stellen Sie sich mit den Kindern in einen Halbkreis, sodass alle Sie gut sehen können. Sagen Sie den Kindern, dass Sie ihnen nun eine Übung zeigen möchten, mit deren Hilfe sie Ängste und andere als unangenehm empfundene Gefühle schnell in angenehme Gefühle verwandeln können. Nennen Sie ihnen die einzelnen Schritte und machen Sie den Kindern diese vor. Die Zeichnung hilft Ihnen dabei, die richtigen Energiepunkte zu finden.

1. *Klopfe 7-mal sanft mit deinem Zeige- und Mittelfinger auf die Mitte deines Kopfes.*
2. *Klopfe nun 7-mal sanft mit Zeige- und Mittelfinger in die Mulde über deiner Nase.*
3. *Direkt unter deiner Nase spürst du noch eine Vertiefung. Hier klopfst du ebenfalls 7-mal.*
4. *Klopfe nun 7-mal sanft die Stelle in der Mitte zwischen deiner Halskuhle und deiner Brust.*
5. *Atme tief durch und sage den folgenden Satz: „Ich hab die Kraft, die alles schafft."*

Führen Sie die Übung mindestens 3-mal hintereinander durch, damit sie ihre volle Wirkung entfalten kann.

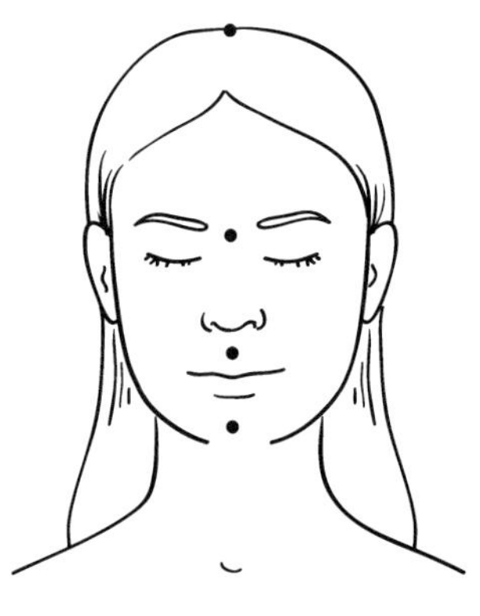

Gefühls-Notfallapotheke

Darum geht's:
Wenn Ängste oder Wut die Kinder innerlich so stark aufwühlen, dass keine adäquate Auseinandersetzung mit dem Gefühl und der zugrundeliegenden Ursache möglich ist, sollte das Gefühl schnellstmöglich gestoppt werden. Dazu gibt es einige hilfreiche Tricks.

Material:
- ✗ 1 Scheibe Zitrone je Kind
- ✗ 1 Kühlakku

Das bereiten Sie vor:
Schneiden Sie für jedes Kind von einer gewaschenen Zitrone eine Scheibe ab.

So geht's:
Geben Sie zunächst jedem Kind eine Scheibe Zitrone, in die es beißen darf. Fragen Sie die Kinder:
- ✗ *Wie fühlt sich das an?*
- ✗ *Woran hast du gedacht, als du in die Zitrone gebissen hast?*
- ✗ *Woran denkst du nun?*

Verfahren Sie auf die gleiche Weise mit dem Kühlakku, den die Kinder über ihren Unterarm streichen. Erklären Sie den Kindern, dass die Notfallmedikamente immer dann zum Einsatz kommen können, wenn Gefühle zu stark Besitz von uns ergreifen. Überlegen Sie gemeinsam, warum diese Mittel so gut wirken. (Sie unterbrechen den Gefühlskreislauf, da unsere Aufmerksamkeit auf das Schmecken bzw. Fühlen gerichtet wird.) Für den Notfall eignen sich auch scharfe Pfefferminzbonbons, die den gleichen Effekt haben.

Abb.: Dorothee Wolters

glücklich	mutig	fröhlich
entspannt	sicher	geborgen
stark	selbstbewusst	verliebt
entschlossen	erleichtert	neidisch
wütend	beleidigt	enttäuscht
traurig	einsam	durcheinander
erschöpft	aufgeregt	angestrengt
eifersüchtig	nervös	hilflos

Lisa hat für den Textilunterricht eine Katze gehäkelt. Dabei hat sie sich sehr viel Mühe gegeben. Gespannt wartet sie nun auf ihre Note. Die Lehrerin gibt ihr eine 4. Simon bekommt eine 1, obwohl jeder weiß, dass seine Oma die Katze gehäkelt hat. Lisa ist wütend auf die Lehrerin.

Jannik hat schon wieder ohne zu fragen Torbens Tintenkiller benutzt. Als Torben ihn selbst benötigt, kann er ihn nirgendwo finden. Torben kramt wütend in Janniks Mäppchen. Dort liegt der Killer. Torben ist wütend und stellt Jannik zur Rede.

Hasan will sich mit Tom zum Spielen verabreden. Tom behauptet, keine Zeit zu haben.
Er müsse zum Zahnarzt.
Am Nachmittag sieht Hasan ihn mit den anderen Jungs auf dem Fußballplatz. Hasan ist wütend. Er mag es nicht, wenn ihn jemand anlügt.

Suri muss mit den anderen Kindern eine Gruppenarbeit machen. Alle reden wild durcheinander. Suri hat eine tolle Idee.
Doch die anderen Kinder ignorieren sie. Das macht Suri wütend. Sie mag es nicht, wenn die anderen sie wie Luft behandeln.

Janas Eltern wollen zu einem Konzert. Jana möchte unbedingt mit. Doch ihre Eltern behaupten, sie wäre noch zu klein dafür.
Das macht Jana wütend. Sie mag es nicht, wenn man sie wie ein Baby behandelt.

Emil spielt gerade ein spannendes Spiel auf seiner Konsole. Plötzlich kommt seine Schwester Sophia herein und schaltet einfach den Fernseher um. Emil wird wütend.

© Verlag an der Ruhr | Autorin: Aline Kurt | ISBN 978-3-8346-3581-5 | www.verlagruhr.de

Soziale Kompetenzen

Baustein 1: Meine Freunde (S. 77/78)

Darum geht's:
Beständige und echte Freundschaften sind ein wichtiger Bestandteil seelischer Widerstandsfähigkeit. Auch oder vor allem Kinder benötigen Freunde, um sowohl Freude als auch Ängste oder andere als belastend empfundene Emotionen teilen zu können.
Anhand dieses Bausteins setzen sich die Kinder mit den Freunden in ihrem Leben auseinander und entwickeln Wertschätzung für sie.
Die **Nichtleser (☆)** fertigen zunächst ein Bild ihrer Freunde an, bevor sie in einem weiteren Schritt ein einfaches Freundschaftsarmband aus Pappe herstellen.
Die **Leser (☆☆)** setzen sich anhand eines Informationstextes mit der Bedeutung von Freundschaft auseinander und denken über die Einzigartigkeit ihrer Freunde nach.

Weitere Materialien für die Nichtleser:
- ✗ Pappe (DIN A5)
- ✗ Schere
- ✗ Kleber
- ✗ Buntstifte
- ✗ Wollfaden

Baustein 2: Freunde sein (S. 79)

Darum geht's:
Freundschaften benötigen Pflege und einen gesunden Umgang miteinander. Nur so können diese längerfristig bestehen und den Kindern die Unterstützung gewähren, die auf dem Weg zur Resilienz vonnöten ist.
In diesem Baustein beschäftigen sich **Leser und Nichtleser** mit unterschiedlichem Bildmaterial, das sowohl respektvollen als auch respektlosen Umgang unter Freunden zeigt. Aufgabe der Kinder ist es, das dargestellte Verhalten zu analysieren.

Baustein 3: Jeder ist anders (S. 80/81)

Darum geht's:
Jeder Mensch ist auf seine Weise einzigartig.
Es gibt niemanden, der genauso aussieht, denkt, fühlt und handelt wie Sie! Resiliente Menschen verfügen über das Bewusstsein dieser Einzigartigkeit, tolerieren diese und wissen die Vielfalt zu schätzen. In diesem Baustein kommen die Kinder mit der Andersartigkeit in Berührung und denken darüber nach.
Die **Nichtleser (☆)** erhalten dabei Unterstützung von Bildmaterial, das ein breites Spektrum der Andersartigkeit abdeckt.
Die **Leser (☆☆)** bekommen einen „Fragebogen" und sammeln zunächst als kleine Reporter entsprechende Erkenntnisse durch die Befragung ihrer Mitschüler und werten diese anschließend aus.

Baustein 4: Helfen und sich helfen lassen (S. 82/83)

Darum geht's:
Selbst zu erkennen, wann Hilfe benötigt wird, und diese letztendlich auch annehmen zu können, ist ein wichtiger Faktor der Resilienz. In unserer Gesellschaft gilt es leider noch immer als Schwäche, wenn jemand Hilfe benötigt. So wachsen unsere Kinder in dem unterbewussten Glauben auf, Hilfe zu beanspruchen und anzunehmen, käme einem Stigma gleich. Der folgende Baustein möchte mit diesen Vorurteilen aufräumen und den Kindern aufzeigen, dass gegenseitige Hilfe und das Sich-helfen-Lassen völlig natürliche Prozesse sind, die obendrein auch Spaß machen können.
Die **Nichtleser (☆)** erforschen dies, indem sie sich gegenseitig beim Lösen eines schwierigen Puzzles helfen. Kopieren Sie dazu die Kopiervorlage für jede 2er-Gruppe. Anschließend besprechen die Kinder innerhalb ihrer Gruppen folgende Fragen:
- ✗ *Wie fühlt es sich an, jemandem zu helfen?*
- ✗ *Wie ist es, wenn dir jemand hilft?*
- ✗ *Warum ist es wichtig, sich helfen zu lassen?*

Notieren Sie ggf. die Fragen an der Tafel.
Die **Leser (☆☆)** werden anhand einer Geschichte zum Nachdenken angeregt.

Weitere Materialien für die Nichtleser:
je 2er-Gruppe:
✗ Schere

Baustein 5: Verantwortlich sein
(S. 84–86)

Darum geht's:
In diesem Baustein geht es darum, den Kindern aufzuzeigen, dass sie bei jeglicher Art von Problemen stets eine Wahl haben. Natürlich ist es einfach, anderen die Schuld an der Misere zu geben. Doch durch diese Haltung wird keine Persönlichkeitsentwicklung angeschoben und seelische Widerstandsfähigkeit sogar verhindert. Erst durch eine tiefere Auseinandersetzung mit der Ursache des Problems und der daraus resultierenden Selbsterkenntnis findet eine wahre Problemlösung statt. Durch die Erkenntnis, dass wir mitunter selbst für das Entstehen von Problemen und auch für deren Lösung verantwortlich sind, werden die Kinder in ihrer seelischen Entwicklung gestärkt. Diese Selbsterkenntnis hat so stärkenden Charakter, dass sie als einer der wichtigsten Bestandteile der Resilienz anzusehen ist.
Die **Nichtleser (☆)** betrachten dazu eine Bildergeschichte und erfinden ein eigenes Ende. Hier benötigen sie etwas Hilfestellung, da die Bildergeschichte nicht ganz ohne Text auskommen kann.
Die **Leser (☆☆)** tauchen tiefer in die Materie ein. Ein kurzer Text informiert sie zunächst über die Vorgehensweise, bevor sie Problemlösungsideen generieren und ihr Wissen anschließend auf ein individuell persönliches Problem übertragen.

Baustein 6: Selbstverantwortlich sein
(S. 87/88)

Darum geht's:
Das Wort „Selbstverantwortung" suggeriert bereits, dass wir selbst für etwas die Verantwortung tragen. Ein wichtiger Aspekt dieser Eigenverantwortung beinhaltet, für das eigene Wohlergehen verantwortlich zu sein. Um seelische Widerstandsfähigkeit in großem Maße aufzubauen, müssen Kinder schon frühzeitig erkennen, dass sie selbst für ihr eigenes Wohlergehen mit verantwortlich sind, um Abhängigkeiten im Erwachsenenalter vorzubeugen.
Aus diesem Grund denken die **Leser und Nichtleser** bei diesem Baustein über Dinge nach, die ihnen selbst guttun, und halten diese in ihrem individuellen Wohlfühlbuch fest. Dort können sie jederzeit nachschlagen, was sie sich selbst Gutes tun können, wenn Stress oder belastende Ereignisse ihre seelische Widerstandsfähigkeit anzugreifen drohen.

Tipp: Die Verantwortung für das eigene Wohlergehen ist selbstverständlich auch ein wichtiger Bestandteil der Selbstliebe, die auf Seite 25/26 („Ich bin wertvoll") thematisiert wird.

Weitere Materialien für jedes Kind:
✗ Schere
✗ Pappe oder Tonkarton (DIN A4)
✗ Kleber
✗ Filzstifte

Baustein 7: Sich in andere hineinversetzen (S. 89/90)

Darum geht's:
Unter Empathie versteht man die Fähigkeit, sich in andere Lebewesen hineinversetzen zu können. Empathische Menschen spüren, wie sich andere fühlen, und haben ein Gespür dafür, was in ihnen auf emotionaler und kognitiver Ebene vorgeht. Sie können sich also gleichsam in die Gedanken- und Gefühlswelt anderer Lebewesen hineinversetzen. Somit kommt der Empathie eine Schlüsselfunktion

auf dem Weg zur Resilienz zu. Durch diese Fähigkeit sind resiliente Menschen in der Lage, besser zu abstrahieren. Ihnen entgegengebrachte Wut, Angst und sämtliche andere als negativ empfundenen Emotionen prallen an ihnen ab. Sie sind in der Lage, die Gefühle bei den anderen zu lassen, weil sie erkennen, was wirklich dahintersteckt. Menschen, die keine oder nur wenig Empathie besitzen, neigen dazu, die Gefühle der anderen auf sich zu beziehen und diese dann zu spiegeln.
In diesem Baustein geht es darum, die Empathiefähigkeit der Kinder zu schulen, sodass diese ein guter Partner auf dem Weg zur seelischen Widerstandsfähigkeit wird.
Die **Nichtleser (☆)** betrachten dazu Bildmaterial. Die **Leser (☆☆)** erhalten zusätzlich einen Informationstext.

Baustein 8: Worte können wehtun

(S. 91/92)

Darum geht's:
Der Einfluss von Worten auf das seelische Wohlbefinden der Kinder darf niemals unterschätzt werden. Hören Kinder oft genug Sätze wie „Das kannst du nicht", glauben sie den Inhalt letztendlich auch. Da die Kraft der Worte auf unterbewusster Ebene wirkt, ist es wichtig, dass Kinder frühzeitig erfahren, welchen Einfluss Worte nehmen können.
Die **Nichtleser (☆)** setzen sich in diesem Baustein mit der Kraft negativer und verletzender Worte in Bezug auf das emotionale Erleben auseinander. Dabei benötigen sie Ihre Hilfe, da eine Umsetzung ganz ohne Lesekompetenz leider nicht möglich ist.
Die **Leser (☆☆)** erlernen darüber hinaus einen mentalen Trick zum Schutz vor verletzenden Worten und entwickeln eigene Ideen.

Baustein 9: Miteinander sprechen

(S. 93–96)

Darum geht's:
Gelungene Dialoge bilden die Grundlage jeglicher Beziehungen. Da gesunde Beziehungen zu anderen Menschen ein wichtiger Faktor der Resilienz sind, ist es von enormer Bedeutung, dass Kinder frühzeitig ihre Kommunikationsfähigkeit schulen. Diese beinhaltet auch die Fähigkeit des Zuhörens. Nur wer aktiv zuhört, kann auch andere wirklich verstehen. Genau darum geht es in diesem Baustein. Anhand einer Übung sind die Kinder darauf angewiesen, sich gegenseitig zuzuhören, damit die Aufgabe gelingen kann.
Die **Nichtleser (☆)** beschreiben sich dazu gegenseitig ein „Krafttier", das der jeweilige Partner nach Vorgaben zeichnet. Dabei handelt es sich um einen Elefanten bzw. eine Kuh. Elefanten gelten in der Symbolsprache seit Tausenden von Jahren als Sinnbild für Stabilität, Geduld und die Fähigkeit des aktiven Zuhörens. Kühe symbolisieren Geduld, Gelassenheit und Sanftmut. Schneiden Sie die beiden Bildvorlagen vorab auseinander und legen sie verdeckt auf den Tisch, sodass die Kinder diese vorher nicht sehen können.
Auch die **Leser (☆☆)** führen eine ähnliche Übung durch. Sie führen sich gegenseitig durch ein Labyrinth. Damit die Kinder die Lösungen nicht schon vorab erspähen können, empfiehlt es sich, die Kopiervorlagen verdeckt zu verteilen.

Baustein 10: Kritisiert werden

(S. 97/98)

Darum geht's:
Mit Kritik umgehen zu können, ist eine zentrale Fähigkeit von resilienten Menschen. Wer über seelische Widerstandsfähigkeit verfügt, lässt sich nicht so leicht durch Kritik aus der Bahn werfen. Da vor allem unsere Kinder oftmals geradezu mit Kritik überhäuft werden, ist es von enormer Bedeutung, dass sie frühzeitig lernen, adäquat damit umzugehen. Dies beinhaltet vor allem eine genaue Auseinandersetzung mit dem eigenen Erleben und Empfinden von Kritik. Nur so wird das Bewusstsein entsprechend geschärft und Kinder können lernen, Kritik nicht als unumstößliche Fakten anzusehen. Besonders wichtig ist dies im Hinblick auf ihre weitere Entwicklung. Kinder

neigen dazu, das, was wir Erwachsene zu ihnen und über sie sagen, als Gesetz anzusehen. Mit dieser Überlegung im Hinterkopf dürfte es wohl niemanden verwundern, warum Kinder oftmals ein äußerst desolates Selbstbild entwickeln. Weitere Informationen und Materialien zum Thema „Selbstbild" und damit einhergehend zur Thematik des Selbstwertgefühls finden Sie übrigens auf den Seiten 5–30.
In diesem Baustein denken die Kinder über Kritikpunkte nach, die andere oder gar sie selbst über sie/sich geäußert haben. Die **Nichtleser (☆)** malen diese zunächst in eine Blume. Im Anschluss gestalten sie eine Blume mit den Äußerungen, die sie gern gehört hätten, und kleben diese über die erste Blume. Die **Leser (☆☆)** erhalten weitere Informationen aus einem Text und setzen sich anschließend auf schriftlicher Ebene damit auseinander.

Weitere Materialien für die Nichtleser:

- ✗ Schere
- ✗ Kleber

Baustein 11: Andere kritisieren

(S. 99)

Darum geht's:
Andere Menschen zu kritisieren, fällt uns allen gar nicht schwer. Diese Tatsache ist auch eigentlich nicht weiter verwunderlich, da wir Menschen lieber mit dem unsichtbaren Finger auf andere zeigen, anstatt uns mit unseren eigenen Schwächen auseinanderzusetzen und ernsthaftes seelisches Wachstum vorantreiben zu wollen. Seelisches Wachstum ist stets mit Arbeit und Schmerz verbunden. Wie viel leichter fällt es da, den anderen ihre Fehler aufzuzeigen ... Unsere Kinder sollten frühzeitig lernen, dass sie Kritik zwar äußern dürfen, es dabei aber immer auf die Art und Weise ankommt. Dies geschieht in diesem Baustein mithilfe der Bildretuschierung.
Leser und Nichtleser erhalten ein Bild, das sie verändern. Die dargestellte negative Form der Kritik wird durch die künstlerische Ausdrucksfähigkeit der Kinder gleichsam in eine positive Form geändert.

Weitere Materialien für jedes Kind:

- ✗ Filz- und Wachsmalstifte
- ✗ Schere
- ✗ Kleber

Baustein 12: Verzeihen können

(S. 100–102)

Darum geht's:
Verzeihen zu können, ist ein wichtiger Baustein auf dem Weg zur Resilienz. Durch diese Fähigkeit, die Kraft und Stärke verlangt, befreien sich die Kinder von emotionalem Ballast und kommen mit sich und anderen ins Reine. Da dieses Thema für Kinder recht abstrakt sein kann, ist dieser Baustein für beide Gruppen, **Leser und Nichtleser** handlungsorientiert aufbereitet. Die **Nichtleser** benötigen hier Ihre Hilfe, indem Sie ihnen den Text und die Aufgabenstellung vorlesen. Alle Kinder basteln einen Rucksack und malen auf Steine, welche Situationen sie noch nicht verziehen haben. Indem sie diese Steine in den Rucksack legen, stellen sie fest, dass ihr emotionaler Ballast ganz schön schwer ist. Anschließend holen sie die einzelnen Steine hervor und versuchen, andere und sich selbst in Liebe anzunehmen. Für jedes Beispiel, bei dem dies gelungen ist, legen die Kinder ein Herz anstelle des Steins in den Rucksack.

Weitere Materialien für jedes Kind:

- ✗ Rucksack-Vorlage auf DIN A3 vergrößert
- ✗ Herz-Vorlage auf rotes Papier kopiert
- ✗ Pappe DIN A3
- ✗ Schere
- ✗ Kleber
- ✗ 3–4 flache und schwere Kieselsteine

Gut mit sich und anderen umgehen

Baustein	**So hat es geklappt:** ☺	😐	☹
Meine Freunde			
Freunde sein			
Jeder ist anders			
Helfen und sich helfen lassen			
Verantwortlich sein			
Selbstverantwortlich sein			
Sich in andere hineinversetzen			
Worte können wehtun			
Miteinander sprechen			
Kritisiert werden			
Andere kritisieren			
Verzeihen können			

© Verlag an der Ruhr | Autorin: Aline Kurt | ISBN 978-3-8346-3581-5 | www.verlagruhr.de

1. Wer sind deine Freunde? Male sie in den Bilderrahmen.

2. Welches Bild passt für dich am besten zur Freundschaft? Schneide es aus.

3. Bastele dir dein Freundschaftsarmband.

Du brauchst:

- Pappe
- Kleber
- Schere
- Buntstifte
- Wollfaden

So geht es:

1. Klebe dein ausgewähltes Bild auf Pappe.
2. Schneide es aus.
3. Was magst du an deinen Freunden? Male es auf die Pappe.
4. Stich vorsichtig ein Loch in die Pappe.
5. Ziehe den Wollfaden hindurch. Verknote ihn.
6. Fertig ist dein Freundschaftsarmband. Es erinnert dich immer an deine Freunde.

Meine Freunde

Jeder braucht Freunde. Ohne Freunde wäre das Leben ganz schön langweilig und einsam. Sie sind es, die uns trösten, wenn wir traurig sind. Mit ihnen können wir lachen und Spaß haben. Sind wir mal schlecht gelaunt, so heitern uns unsere Freunde wieder auf.
Mit einem echten Freund können wir über alles reden. Selbst über Dinge, die uns unangenehm sind. Immerhin können wir bei unseren Freunden wir selbst sein. Sie mögen uns genauso, wie wir sind, ohne an uns herumzumäkeln. Freunde wollen nicht, dass wir uns ändern. Sie schätzen uns so, wie wir sind. Und genau deshalb fühlen wir uns in ihrer Gegenwart so wohl.
Wenn wir mit einem Freund zusammen sind, fühlen wir uns außerdem geborgen. Wir haben dann das Gefühl, nicht alleine zu sein. Es scheint dann so, als könnte uns nichts und niemand etwas anhaben. Schließlich sind wir gemeinsam stark.

1. **Warum braucht jeder Freunde? Unterstreiche im Text.**
2. **Was bedeutet Freundschaft für dich?**

   ....

   ....

3. **Was magst du an deinen Freunden besonders?**
   Schreibe es in das Freundschaftsarmband.

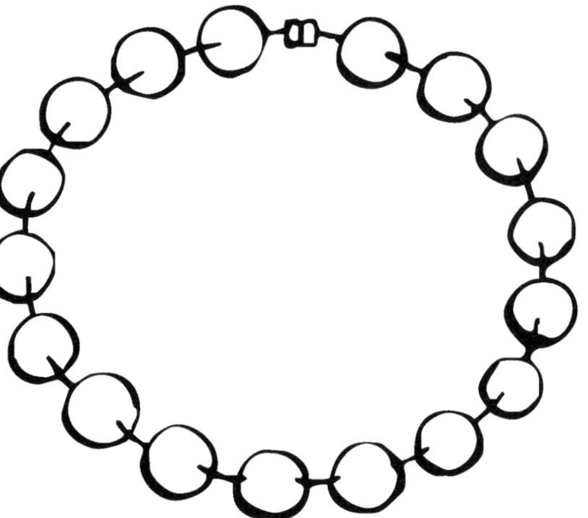

© Verlag an der Ruhr | Autorin: Aline Kurt | ISBN 978-3-8346-3581-5 | www.verlagruhr.de

1. Schau dir die Bilder an. Was gehört für dich zu einer Freundschaft? Male grün an.

2. Was gehört für dich nicht zu einer Freundschaft? Male rot an.

© godfer – Fotolia.com

© auremar – Fotolia.com

© Lopolo – Shutterstock.com

© Кирилл Рыжов – Fotolia.com

© dragon_fang – Fotolia.com

© Ilike – Fotolia.com

Kordel: © picsfive – stock.adobe.com; Logo Kopfzeile: Bettina Weyland

Jeder ist anders

1. **Schau dir die Bilderpaare an.**
2. **Kreise alle Gemeinsamkeiten ein. Nutze dazu immer eine andere Farbe.**
3. **Male alle Unterschiede rot an.**
4. **Welche Dinge kann man ändern? Kreise blau ein.**

© halfbottle – Fotolia.com

© WavebreakmediaMicro – Fotolia.com

© Davidus – Fotolia.com

© detailblick-foto – Fotolia.com

© photophonie – Fotolia.com

© llike – Fotolia.com

© Verlag an der Ruhr | Autorin: Aline Kurt | ISBN 978-3-8346-3581-5 | www.verlagruhr.de

1. **Suche dir nacheinander 3 Partner. Befrage die Kinder. Fülle dazu die Tabelle in Stichworten aus.**
2. **Vergleiche deine Einträge. Was fällt dir dabei auf?**

....

....

....

....

3. **Umkreise alle Dinge, die man ändern kann, mit einem grünen Stift.**
4. **Kreise alle Dinge, die man nicht ändern kann, rot ein.**

	Kind 1:	**Kind 2:**	**Kind 3:**
Haarfarbe:			
Augenfarbe:			
Besondere Merkmale:			
Wohnort:			
Lieblingsfarbe:			
Lieblingsessen:			
Haustier:			
Gehst du gerne zur Schule?			
Was magst du an der Schule nicht?			

Helfen und sich helfen lassen

☆

1. **Suche dir ein anderes Kind.**
2. **Schneidet das Puzzle aus.**
3. **Setzt es gemeinsam zusammen.**

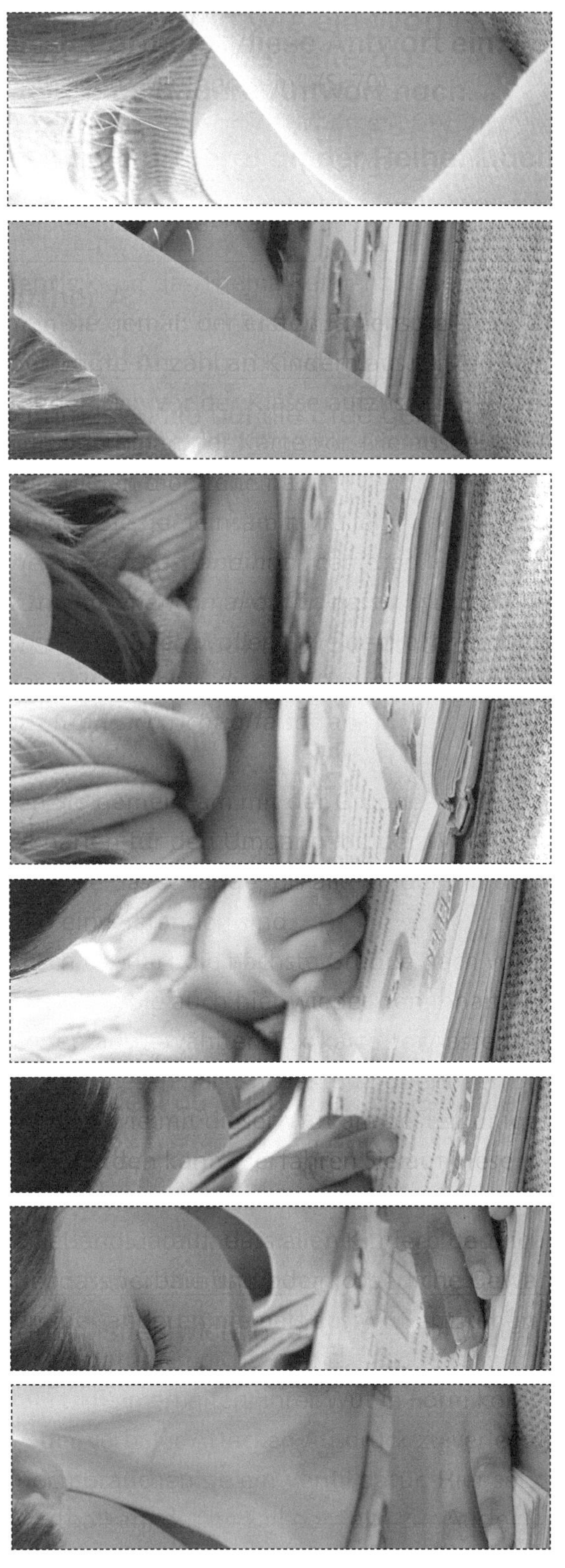

Kordel: © picsfive – stock.adobe.com; Logo Kopfzeile: Bettina Weyland; Fotos Puzzleteile: © S_Kobold – Fotolia.com

© Verlag an der Ruhr | Autorin: Aline Kurt | ISBN 978-3-8346-3581-5 | www.verlagruhr.de

Helfen und sich helfen lassen

Schon seit Stunden sitzt Leonie über ihren Matheaufgaben. Egal was sie auch versucht, sie kann die blöden Aufgaben einfach nicht lösen. „Alle können das, nur ich nicht. Ich bin einfach dumm“, denkt Leonie verzweifelt. „Was machst du denn für ein Gesicht? Ist irgendwas passiert?“, fragt plötzlich Timon. Leonie hat ihren Bruder gar nicht bemerkt. „Ich versteh die Aufgaben einfach nicht“, erklärt Leonie. Dabei versucht sie krampfhaft, ihre Traurigkeit zu verbergen. Ihr Bruder soll bloß nicht merken, wie schwach sie sich fühlt.

„Komm, wir schauen uns das mal zusammen an“, meint Timon.

Leonie schaut ihren großen Bruder prüfend an. Seit wann will er ihr denn helfen? Normalerweise macht er sich doch immer über sie lustig und nennt sie Erbsenhirn, wenn Leonie irgendwo nicht weiterkommt. Was Leonie nicht weiß, ist, dass Timon ihre Verzweiflung spürt. Er hat seine kleine Schwester ziemlich lieb. Wenn er sie mal aufzieht, dann nur, wenn sie auch damit umgehen kann. Heute ist nicht der richtige Tag dazu. Das weiß Timon. Deshalb erklärt er Leonie, wie die Aufgaben funktionieren. Nach kurzer Zeit hat Leonie alle Aufgaben gelöst. Sie strahlt über das ganze Gesicht.

„Danke, Timon! Ohne dich hätte ich das nie geschafft!“

„Gern geschehen. Dafür hat man doch seine Familie“, antwortet Timo und knufft Leonie liebevoll in die Seite.

1. Was glaubst du: Warum hat Leonie niemanden um Hilfe gebeten?

....

....

....

2. Warum hilft Timon ihr?

....

....

....

3. Was denkst du: Warum ist es wichtig, andere um Hilfe zu bitten, wenn man Hilfe braucht?

....

....

....

Verantwortlich sein

☆

	Emma ist Pauls Freundin. Doch nun möchte er nicht mit ihr spielen. Er hat Angst, dass die Jungs ihn auslachen. Er tut so, als würde er Emma nicht kennen.
	Nun hat Paul Streit mit Emma. Sie findet es blöd, dass er keine Zeit mehr für sie hat. Sie beschimpft ihn. Paul sagt: „Du bist schuld!“

Suche dir einen Partner. Sprecht über die Fragen:

1. **Zu einem Streit gehören immer zwei. Was ist damit gemeint?**
2. **Welchen Beitrag hat Paul an dem Streit?**
3. **Welchen Beitrag hat Emma?**
4. **Wie können sie den Streit lösen? Male in das freie Kästchen.**

Verantwortlich sein (1/2)

Wenn Menschen ein Problem haben, suchen sie oft einen Schuldigen. Das ist natürlich einfach.
Bei jedem Problem hast du eine Wahl. Du kannst selbst entscheiden, wie du damit umgehst. Du kannst jemand anderem die Schuld geben oder überlegen, wie du das Problem löst. Gibst du jemand anderem die Schuld, hast du das Problem weiterhin. Entscheidest du dich für eine Lösung, dann bist du auf einem tollen Weg. Jetzt solltest du dich fragen, warum das Problem aufgetaucht ist. Was hast du davor getan, gedacht oder gesagt?
Erst danach frage dich: „Wie kann ich das wieder in Ordnung bringen?“

1. **Suche dir zwei Partner. Löst gemeinsam die Aufgabe auf dem zweiten Blatt.**
2. **Setze dich mit einem deiner Probleme auseinander. Trage ein.**

Was ist dein Problem?	**Wie ist es entstanden?**	**Wie kannst du das Problem lösen?**

Verantwortlich sein (2/2)

1. **Fülle die erste Zeile deiner Tabelle aus.**
2. **Gib dein Arbeitsblatt deinem rechten Nachbarn. Du erhältst das Arbeitsblatt deines linken Nachbarn.**
3. **Schreibe in die zweite Zeile, was du über seine Ideen denkst. Was kannst du ergänzen? Schreibe auf.**
4. **Gib das Blatt wieder weiter. Fülle wieder aus.**
5. **Wenn du dein Blatt zurückbekommen hast, schaue dir die Ideen der anderen Kinder an. Wie denkst du nun? Schreibe in die letzte Zeile.**

	Warum haben die Kinder Streit?	**Wie kam es dazu?**	**Wie können die Kinder den Streit lösen?**
1.			
2.			
3.			
4.			

Du musst dafür sorgen, dass es dir gut geht. Dafür bist du selbst verantwortlich. Keiner weiß, was dir guttut. Nur du weißt, was du brauchst.
Manchen Kindern tut es gut, Musik zu hören. Andere sind gerne draußen. Jedem tun andere Dinge gut. Was tut dir gut?

Bastele dein eigenes Wohlfühlbuch.

Du brauchst:

- Vorlage „Wohlfühlbuch“
- Schere
- Kleber
- Filzstifte

So geht es:

1. Male in jedes Kästchen, was dir guttut.
2. Schneide die Kästchen aus.
3. Schneide die Vorlage aus.
4. Knicke an den gestrichelten Linien.
5. Klappe den Aufklappteil nach innen.
6. Klebe hier auf jede Seite eines deiner Bilder.
7. Wenn du magst, kannst du dein Wohfühlbuch bunt anmalen.

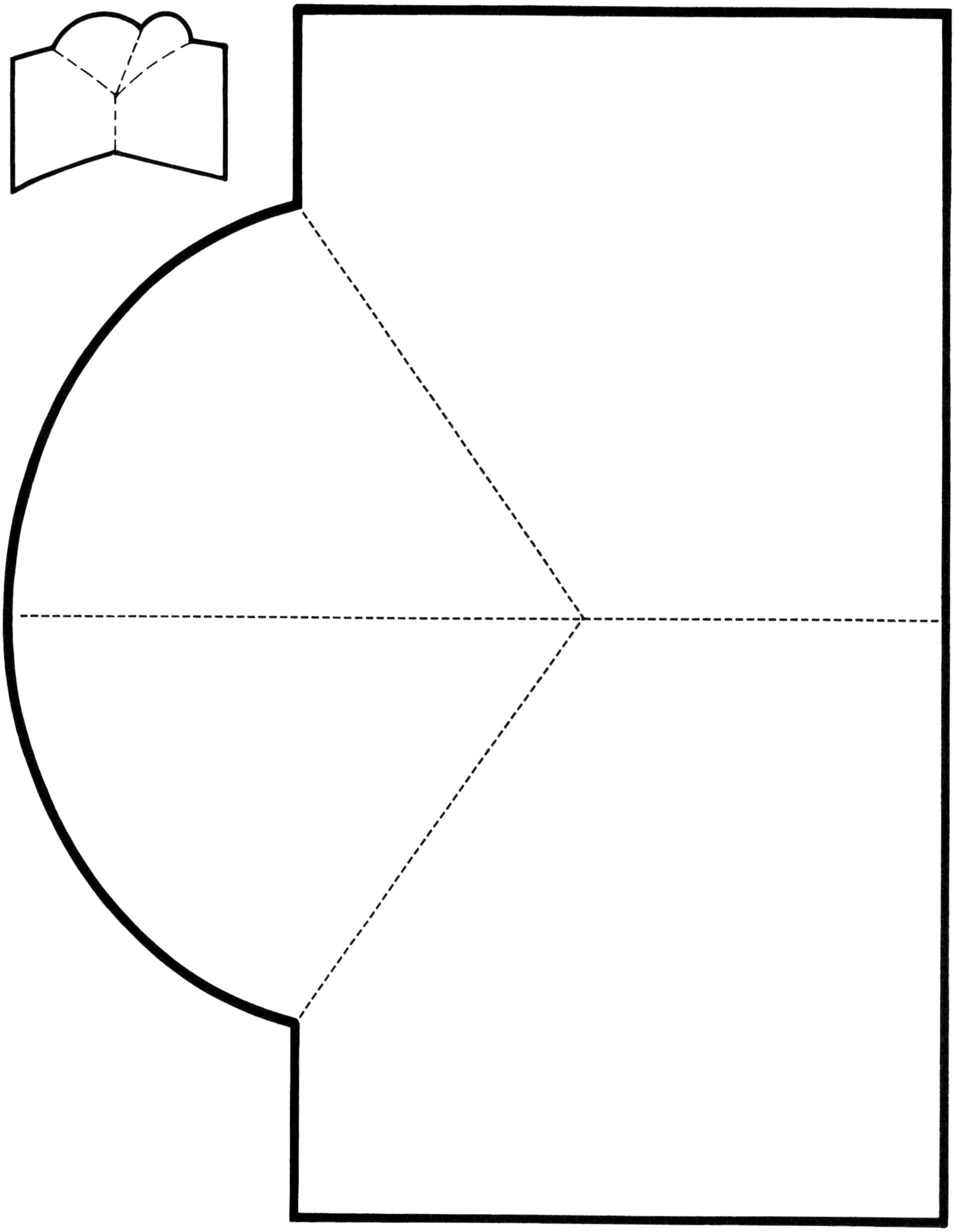

© Verlag an der Ruhr | Autorin: Aline Kurt | ISBN 978-3-8346-3581-5 | www.verlagruhr.de

Sich in andere hineinversetzen

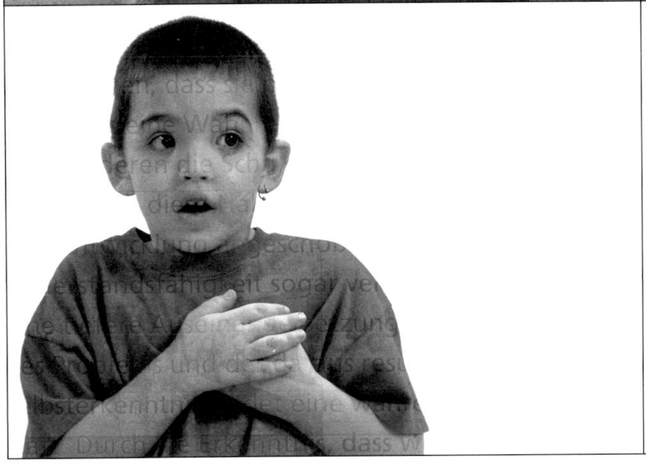

1. **Schau dir die Bilder an.**
2. **Sprich mit einem Partner darüber:**
   a) **Wie fühlen sich die Kinder?**
   b) **Warum könnten sie sich so fühlen?**

Sich in andere hineinversetzen

Manchmal begegnen uns komische Situationen. Bestimmt hast du auch schon einmal erlebt, dass jemand dir gegenüber ziemlich wütend war. Das ist schon mal sehr gut. Ja, du hast richtig gelesen. Wenn du das nämlich gemerkt hast, kannst du dich gut in den Anderen hineinversetzen. Das ist eine tolle Sache. Auch wenn dich das erst einmal beunruhigt. Manche Menschen werden dann selbst wütend. Sie lassen sich von der Laune des Anderen anstecken. Oft denken sie, dass die Wut des Anderen etwas mit ihnen zu tun hat. Sie glauben, sie hätten etwas falsch gemacht. Doch Achtung! Das kann gefährlich sein. Wichtig ist immer, dass du erst einmal überlegst, warum der Andere so komisch drauf ist. Meist fällt dir dabei dann ganz schnell auf, dass das gar nichts mit dir zu tun hat. Vielleicht hat der Andere einen schlechten Tag. Frage dich also immer erst, welches Problem der Andere wirklich hat.

© fasphotographic – Fotolia.com

© EvgeniiAnd – Fotolia.com

© A Master Image – Shutterstock.com

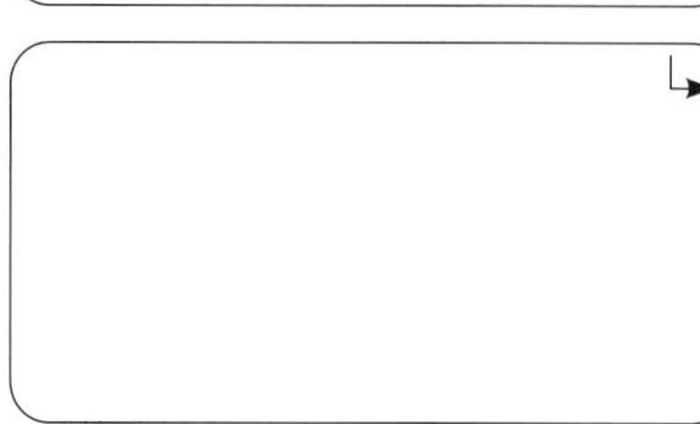

© west – Fotolia.com

1. Wie fühlen sich die Kinder? Schreibe in die Kästchen.

2. Warum fühlen sie sich so? Schreibe unter jedes Bild.

© Verlag an der Ruhr | Autorin: Aline Kurt | ISBN 978-3-8346-3581-5 | www.verlagruhr.de

1. Welche Sätze können wehtun? Male sie in dunklen Farben an.
2. Welche Sätze sind freundlich? Male in hellen Farben an.
3. Wie fühlst du dich, wenn du die Sätze hörst? Male die Gesichter an.
4. Welche Sätze haben dich schon mal verletzt? Schreibe auf und male die Gesichter an.

Du bist doof.	Du bist toll.	Du bist lieb.
Du bist gemein.	Ich mag dich.	Du bist schuld.
Du bist faul.		

Worte können wehtun

Manchmal sagt man Dinge, die man eigentlich gar nicht so meint. Manchmal sagt man auch Dinge, ohne darüber nachzudenken, wie sich das für den Anderen anfühlt. Dabei können Worte ganz schön verletzend sein. Nennt man jemanden dumm, faul oder egoistisch, kann das dem Anderen ganz schön wehtun. Auch all die Schimpfwörter, die schnell mal in der Wut aus dem Mund huschen, können andere verletzen. Oder fühlst du dich gut, wenn dich jemand beschimpft?

Wenn dich jemand mit Worten verletzt, kann dich das ganz schön lange beschäftigen. Du könntest aber auch einmal Folgendes versuchen: Stell dir vor, ein Regenschirm ginge um dich herum auf. In dem Augenblick, wo dich die gemeinen Wörter treffen wollen, hält der Regenschirm sie von dir fern. So können die verletzenden Worte nicht an dich herankommen.

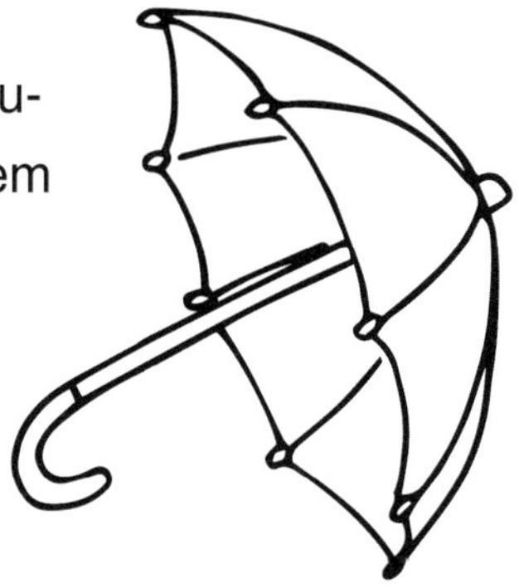

1. **Welche Wörter findest du verletzend? Schreibe sie auf die Linien.**

   ....

   ....

   ....

   ....

   ....

   ....

2. **Warum können diese Wörter wehtun?**

   ....

   ....

   ....

3. **Was denkst du über den Regenschirm-Trick?**

   ....

   ....

4. **Denke dir einen eigenen Trick aus, um verletzende Wörter von dir fernzuhalten.**

   ....

   ....

5. **Tausche dich darüber mit einem Partner aus.**

Kordel: © picsfive – stock.adobe.com; Logo Kopfzeile, Regenschirm: Bettina Weyland; Mädchen/Kopf: Eva Spanjardt

© Verlag an der Ruhr | Autorin: Aline Kurt | ISBN 978-3-8346-3581-5 | www.verlagruhr.de

Miteinander sprechen (1/2)

1. Suche dir einen Partner.
2. Nimm eines der Bilder, ohne dass dein Partner es sieht.
3. Beschreibe deinem Partner das Tier. Nenne dabei keinen Namen. Sage deinem Partner, was er malen soll.
4. Nun beschreibt dein Partner dir sein Tier.
5. Male es hier auf.

6. Habt ihr die Tiere genauso gemalt, wie der andere es euch gesagt hat? Woran lag das? Sprecht darüber.
7. Beide Tiere sind sehr geduldig. Sie erinnern uns daran, anderen zuzuhören. Welches Tier erinnert dich daran? Male es.

Miteinander sprechen (2/2)

Kordel: © picsfive – stock.adobe.com; Logo Kopfzeile: Bettina Weyland

Miteinander sprechen (2/2)

Kordel: © picsfive – stock.adobe.com; Logo Kopfzeile: Bettina Weyland

1. **Suche dir einen Partner.**
2. **Jeder von euch hat ein anderes Labyrinth vor sich liegen. Beschreibe deinem Partner den Weg durch sein Labyrinth.**

© EvgeniyBobrov – Fotolia.com

3. **Zeichne hier den Weg ein, den dein Partner dir beschreibt.**

© EvgeniyBobrov – Fotolia.com

4. **Vergleicht die Ergebnisse. Ist es euch gelungen, den Weg zu finden? Woran lag das?**

Miteinander sprechen (2/2)

1. **Suche dir einen Partner.**
2. **Jeder von euch hat ein anderes Labyrinth vor sich liegen. Zeichne hier den Weg ein, den dein Partner dir beschreibt.**

3. **Beschreibe nun deinem Partner den Weg durch sein Labyrinth.**

4. **Vergleicht die Ergebnisse. Ist es euch gelungen, den Weg zu finden? Woran lag das?**

Manchmal sagen andere dir, was du nicht kannst.
Oder sie sagen, was sie an dir stört. Dann bewerten sie dich.
Das nennt man kritisieren.

1. Was haben andere Menschen schon an dir kritisiert? Schreibe oder male es auf jedes Blatt.

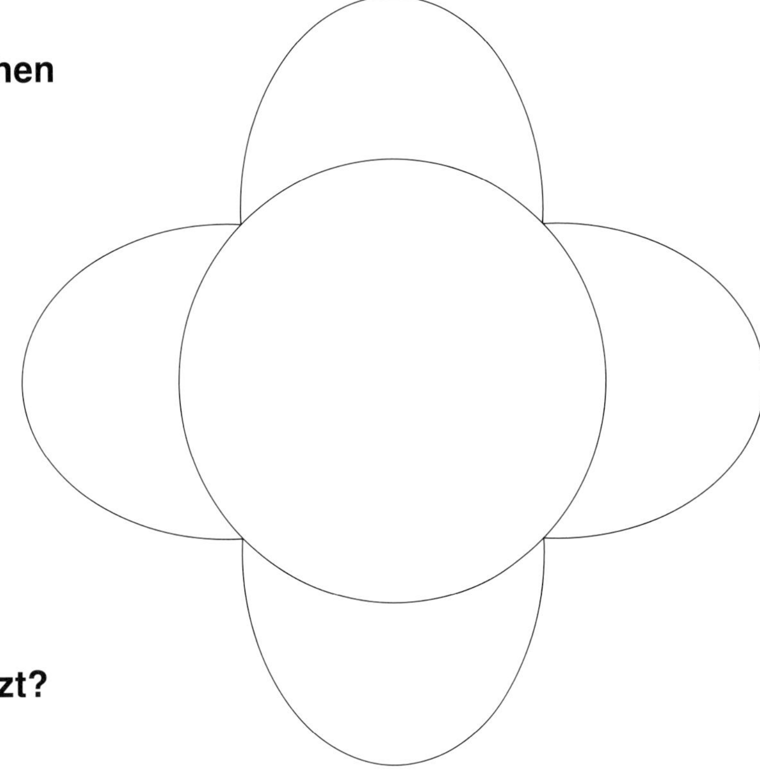

2. Was davon hat dich verletzt? Knicke die Blätter um.

3. Was hättest du dir selbst gesagt? Male oder schreibe auf die zweite Blume.

4. Schneide die Blume aus und klebe sie über die erste.

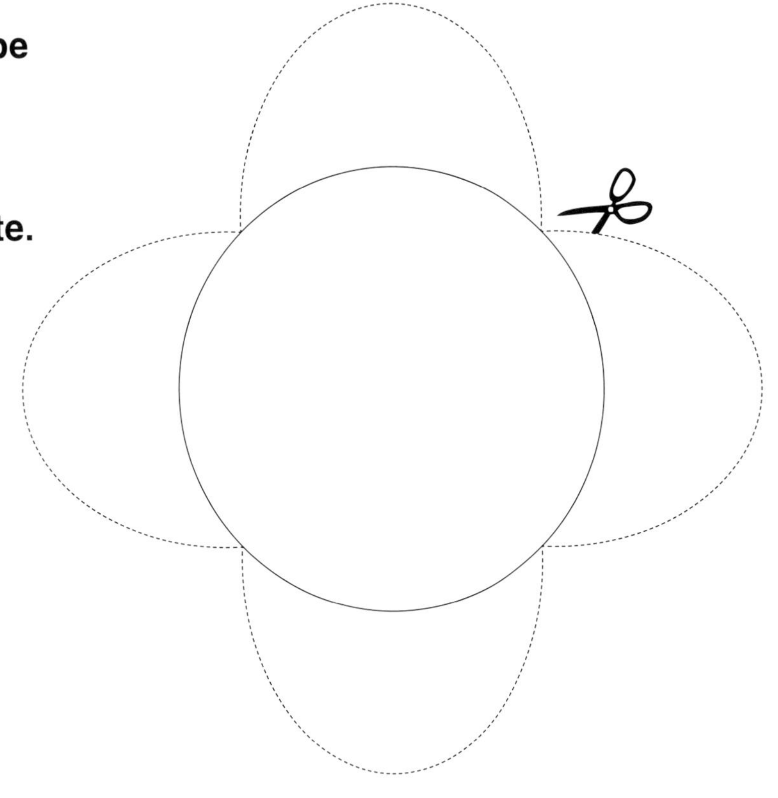

Kritisiert werden

Bestimmt hat dich schon einmal jemand kritisiert. Der andere hat dir gesagt, was du falsch gemacht hast. Vielleicht hat er auch gesagt, was ihn an dir stört. Manchmal hören wir Sätze wie „Das hast du ja völlig falsch gemacht" oder „Ich bin enttäuscht von dir". All das ist Kritik. Blöderweise kritisieren dich nicht nur andere Menschen. Auch du kritisierst dich oft, ohne es zu merken. Wenn du dir Sachen sagst wie „Schon wieder habe ich das falsch gemacht" oder „Ich bin zu blöd dafür", ist das dir selbst gegenüber nicht fair. Kritik ist nur dann gut, wenn sie etwas bewirkt. Sage dir also lieber: „Ich habe das falsch gemacht. Das ist in Ordnung. Ich probiere es einfach noch einmal."

1. Wann hat dich zuletzt jemand kritisiert?

....

....

2. Wie hat sich das für dich angefühlt?

....

....

3. Welche Sätze kommen dir bekannt vor, weil du sie oft über dich denkst? Kreise ein.

Ich mache nichts richtig.　　　Immer vergesse ich alles.

Schon wieder habe ich nicht aufgepasst.

4. Was kritisierst du noch an dir? Schreibe auf die Linien.

....

....

5. Anstatt zu denken „Ich mache nichts richtig" kannst du auch denken „Ein Fehler! Cool! Jetzt kann ich es noch einmal versuchen."
Wie fühlt sich das an?
Überlege dir, wie du das, was du an dir kritisiert, besser sagen könntest.

....

....

Andere Kritisieren

Manchmal stört uns etwas an anderen. Das darfst du dann natürlich sagen. Achte aber darauf, wie du es sagst. Schließlich möchtest du ja niemanden verletzen, oder?

1. **Was geschieht auf dem Bild?**
2. **Verändere das Bild so, dass die Kritik nicht verletzend ist.**
3. **Schneide die leere Sprechblase aus. Was könnte die Mutter dem Kind sagen? Schreibe es hinein.**
4. **Klebe die Sprechblase auf das Bild.**

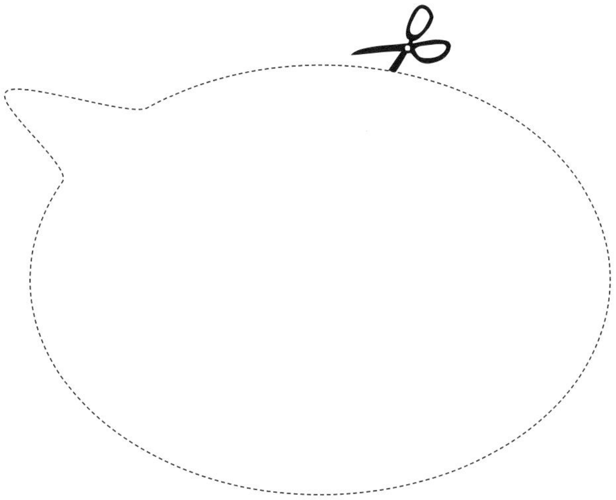

Kordel: © picsfive – stock.adobe.com; Logo Kopfzeile: Bettina Weyland; Mutter/Tochter: Dorothee Wolters

Verzeihen können (1/3)

Jeder Mensch trägt einen unsichtbaren Rucksack auf seinem Rücken. Darin sind alle Probleme mit anderen Menschen. Manchmal sind wir auf jemanden sauer. Vielleicht hat er uns verletzt, geärgert oder gehänselt. Wenn wir auf diesen Menschen wütend sind oder es uns traurig macht, haben wir ihm nicht verziehen. Was steckt in deinem Rucksack? Finde es heraus!

1. Bastele deinen Rucksack.

Du brauchst:
- Bastelvorlage
- Pappe
- Schere
- Kleber

So geht es:
a) Klebe die Vorlage auf Pappe.
b) Schneide sie aus und falte sie an den Linien.
c) Klebe den Rucksack links und rechts zusammen.
d) Fertig ist dein Rucksack.

2. Was steckt in deinem Rucksack? Male auf jeden Stein etwas, das du einem anderen Menschen noch nicht verziehen hast.

3. Lege die Steine in deinen Rucksack. Wie fühlt sich der Rucksack nun an?

Verzeihen heißt den anderen anzunehmen. Du musst nicht gut finden, was er gemacht hat. Trotzdem magst du ihn. Das braucht Kraft und Mut. Beides hast du!

4. Schneide die Herzen aus.

5. Was kannst du verzeihen? Tausche die Steine gegen die Herzen aus.

6. Wie fühlt sich dein Rucksack nun an?

© Verlag an der Ruhr | Autorin: Aline Kurt | ISBN 978-3-8346-3581-5 | www.verlagruhr.de

Abb.: Anja Boretzki

Verzeihen können (3/3)

© Verlag an der Ruhr | Autorin: Aline Kurt | ISBN 978-3-8346-3581-5 | www.verlagruhr.de

Bombenentschärfungstrupp

Darum geht's:
Resiliente Menschen verfügen über ein gutes Netzwerk und ein soziales Umfeld, das auf gegenseitigem Respekt und Hilfsbereitschaft basiert. Um unsere Kinder adäquat beim Aufbau der seelischen Widerstandsfähigkeit zu unterstützen, ist es von Bedeutung, ihren Blick für die Kraft der Gemeinschaft zu stärken. Dabei möchte sie das folgende Spiel unterstützen.

Material:
- 4 Seile
- 1 Plastikflasche
- Malerkrepp
- 1 Decke

Das bereiten Sie vor:
Trennen Sie einen ca. 3 Meter breiten Streifen vom Rest des Klassenraums ab. Platzieren Sie in diesem Feld die Plastikflasche ca. 30 cm von der Trennlinie entfernt. Breiten Sie auf der gegenüberliegenden Seite die Decke aus.

So geht's:
Erzählen Sie den Kindern, dass Sie ihre Hilfe benötigen. Die Plastikflasche sei eine Bombe, die entschärft werden muss. Um hier keine Ängste zu schüren, machen Sie den Kindern bitte unbedingt deutlich, dass dies selbstverständlich keine echte Bombe ist, sondern nur ein Symbol für eben diese. Aufgabe der Kinder ist es nun, die Bombe mithilfe der Seile auf die Decke zu befördern. Dabei dürfen sie die Flasche weder berühren noch fallenlassen, da das Spiel sonst erneut beginnt. Lassen Sie den Kindern bei der Vorgehensweise unbedingt freie Hand. Sie werden überrascht sein, wie kreativ Ihre Gruppe ist.
Reflektieren Sie anschließend das Gelingen/Nichtgelingen der Übung. Die folgenden Fragen unterstützen Sie dabei:
- *Wie war das Spiel für euch?*
- *Wie habt ihr euch gefühlt, gemeinsam in der Gruppe daran zu arbeiten?*
- *Was denkt ihr: Warum ist es euch gelungen/nicht gelungen, die Bombe zu entschärfen?*
- *Für was könnte die Bombe in unserem Alltag stehen?*
- *Was denkt ihr: Warum ist es wichtig, uns gegenseitig zu helfen?*

Unsere Gemeinsamkeiten und Unterschiede

Darum geht's:
Resilienz setzt nicht nur die Kenntnis der eigenen Persönlichkeit, sondern auch Offenheit und Respekt für die Unterschiede und Gemeinsamkeiten mit anderen Menschen voraus. Nur wer sich selbst und andere so akzeptiert, wie sie sind, kann seelische Widerstandskraft aufbauen.
Da Kinder Spielen gegenüber stets aufgeschlossen sind, kommt hier ein Kreisspiel zum Einsatz.

Material für jedes Kind:
- Stuhl oder Sitzkissen

Das bereiten Sie vor:
Arrangieren Sie die Stühle oder Sitzkissen zu einem großen Kreis. Stellen oder legen Sie diese nicht zu dicht nebeneinander, sodass die Kinder über ausreichend Platz in der Kreismitte verfügen.

So geht's:
Bitten Sie ein Kind auf freiwilliger Basis, in die Kreismitte zu treten und seine Lieblingsfarbe zu nennen: „Meine Lieblingsfarbe ist ..." Nun treten alle Kinder, die auch diese Lieblingsfarbe haben, ebenfalls in die Kreismitte.
Verfahren Sie auf diese Weise mit äußeren Merkmalen und inneren Einstellungen gleichermaßen.

Im Folgenden finden Sie eine kleine Ideenauswahl:
- alle Kinder mit blonden/dunklen/roten Haaren
- Augenfarbe
- Brillenträger
- Lieblingsessen
- Lieblingsschulfach
- Hobbys
- Stärken
- Schwächen

In Farben denken

Darum geht's:
Bereits im Jahr 1947 veröffentlichte der Psychologe und Philosoph Max Lüscher seinen Lüscher-Farbtest. Lüscher erkannte, dass das menschliche Denken grob in vier Richtungen eingeteilt werden kann, denen er verschiedene Farben zuordnete. Aus seiner Idee wurden zwischenzeitlich verschiedene andere Modelle wie Struktogramm oder das Insight Discovery Profil entwickelt, die jedoch alle auf Lüschers Annahme beruhen. Klassifizierungen dieser Art sollten natürlich niemals als statisches Instrument zur Beurteilung von Kindern herangezogen werden. So gibt es selbstverständlich zwischen den einzelnen Farbtypen auch große Unterschiede. Jeder Mensch ist einzigartig und kann nicht grob in eine Schublade gepresst werden. Allerdings hilft die Einteilung Lüschers den Kindern dabei, zu erkennen, dass Menschen einzigartig sind und jeder Mensch anders denkt. Durch den hier vorgestellten Perspektivenwechsel üben sich die Kinder außerdem in Empathie, während sie mental in andere Denktypen schlüpfen. Beides hilft ihnen auf dem Weg zur Resilienz.

Material:
- ✗ Bastelvorlage „In Farben denken" (S. 106)
- ✗ Folie „Menschen denken unterschiedlich" (S. 107)
- ✗ Textkarten „Wie denkst du über ...?" (S. 108)
- ✗ je 1 Bogen gelbes, blaues, grünes, rotes Papier in DIN A3
- ✗ Folie
- ✗ Overheadprojektor
- ✗ je 1 gelber, blauer, grüner und roter Folienstift

Das bereiten Sie vor:
Basteln Sie aus den vier vorbereiteten Vorlagen jeweils einen Hut (s. Bastelvorlage S. 106). Ziehen Sie die Vorlage „Menschen denken unterschiedlich" auf Folie. Markieren Sie die Denktypen in den entsprechenden Farben mit einem Folienstift. Kopieren Sie die Vorlage „Wie denkst du über ...?" und schneiden Sie die einzelnen Karten aus.

Tipp: Sie haben keine Zeit, die Hüte vorzubereiten? Alternativ können Sie auch auf Wäscheklammern in den entsprechenden Farben ausweichen.

So geht's:
Erzählen Sie den Kindern, dass jeder Mensch anders denkt. Legen Sie für die Leser die vorbereitete Folie auf. Lesen Sie den Nichtlesern den Inhalt vor oder fassen Sie diesen zusammen. Besprechen Sie die Auflistung zunächst kurz im Plenum:
- ✗ *Was fällt euch auf, wenn ihr das lest?*
- ✗ *Wie denkt ihr darüber?*
- ✗ *Könnt ihr euch in dieser Liste wiederfinden?*

Kommen Sie nun im Sitzkreis zusammen. Nehmen Sie die vorbereiteten Denkhüte und die ausgeschnittenen Textkarten mit dorthin. Ziehen Sie zunächst eine der Karten. Überlegen Sie gemeinsam mit den Kindern, wie jeweils ein roter, grüner, blauer bzw. grüner Denker in dieser Situation reagieren würde. Sobald den Kindern deutlich wird, dass sie hier unterschiedliche Perspektiven einnehmen und aus diesen heraus agieren sollen, legen Sie alle Karten verdeckt auf einen Stapel. Auf freiwilliger Basis dürfen nun vier Kinder einen der Hüte wählen und aufsetzen. Ziehen Sie eine der Karten und lesen Sie den Kindern den Inhalt vor. Bei den Lesern können Sie auch einen weiteren Schüler auswählen, der diese Aufgabe übernimmt. Aus der jeweiligen Denkerposition dürfen die Kinder nun ihre Sichtweise darlegen. Ist eines der anderen Kinder aus dem Plenum mit der Darstellung nicht einverstanden, so darf es das jeweilige Kind um den Hut bitten und seine Sichtweise erzählen. Nutzen Sie für diese Übung ruhig mehrere Durchläufe.

Reflektieren Sie abschließend das Erlebnis anhand der folgenden Fragen:
- ✗ *Wie war es für euch, ein anderer Denker zu sein?*
- ✗ *Ist es euch leichtgefallen, anders zu denken, oder war es schwer für euch?*
- ✗ *Woran lag das?*
- ✗ *Wie denkt ihr nun darüber, dass Menschen unterschiedlich denken?*

Kommunikation auf den Kopf gestellt

Darum geht's:
Eine gelungene Kommunikation durchführen zu können, ist eine wichtige Säule der seelischen Widerstandskraft. Doch was gehört denn alles zur richtigen Kommunikation? Finden Sie es gemeinsam mit den Kindern heraus, indem Sie mithilfe der Kopfstand-Methode einmal überlegen, wie man falsch kommuniziert. Die Fragestellung nach der richtigen Art der Kommunikation wird also auf den Kopf gestellt. Das sorgt für jede Menge Spaß und führt dazu, dass den Kindern nichts aufoktroyiert wird, sondern sie ihre Erkenntnisse durch das Aufbrechen alter Gedankenstrukturen selbst sammeln können.

Material:
- ✗ Bildvorlagen „Gespräche auf den Kopf gestellt" (S. 109/110)
- ✗ Schere
- ✗ je nach Tafelbeschaffenheit Magnete oder Malerkrepp
- ✗ leere Blätter (DIN A4)

Das bereiten Sie vor:
Kopieren Sie die Bildvorlagen und schneiden Sie diese aus.

So geht's:
Fragen Sie die Kinder: „Was müssen wir machen, um kein gutes Gespräch zu führen?"
Notieren Sie die Frage gut lesbar an der Tafel. Sammeln Sie dort die Ideen der Kinder. Befestigen Sie für jede genannte Idee eines der Bilder an der Tafel. Für die Leser können Sie zusätzlich noch ein Schlagwort dazuschreiben.
Betrachten Sie anschließend Ihr Werk und überlegen Sie gemeinsam, wie Sie die Negativbeispiele so ändern können, dass Kommunikation gelingt.
Teilen Sie die Kinder je nach Anzahl der genannten Ideen in Kleingruppen ein und bitten Sie jede Gruppe, einen der genannten Einfälle zu malen. Heften Sie diese neuen Bilder anschließend jeweils neben das entsprechende Bild aus der Eingangsphase.

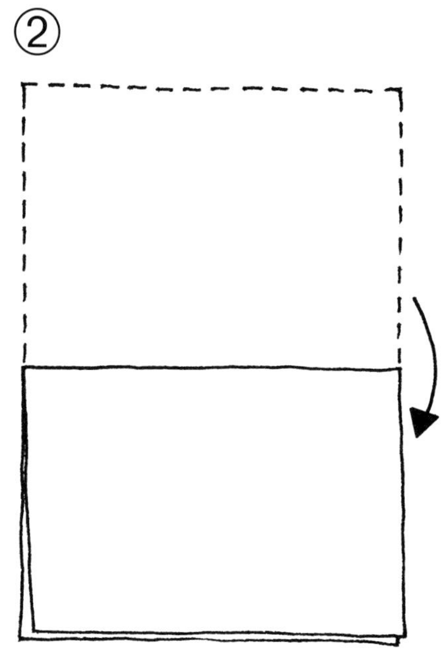

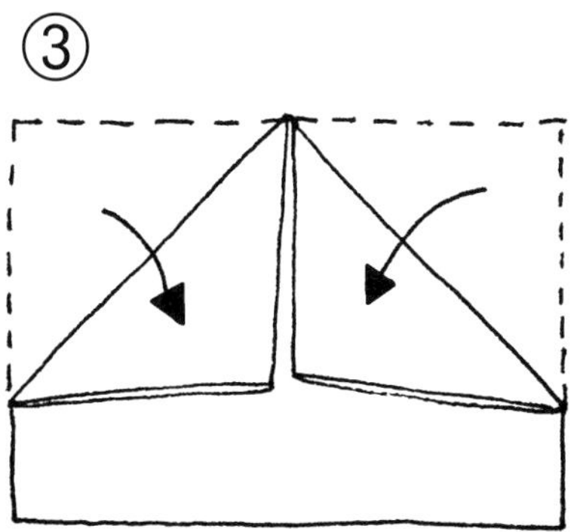

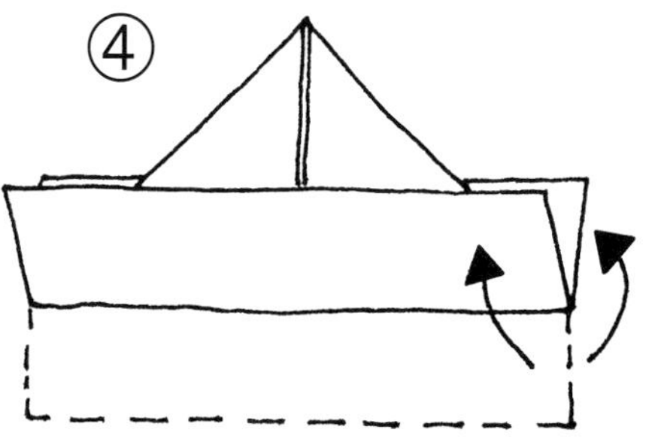

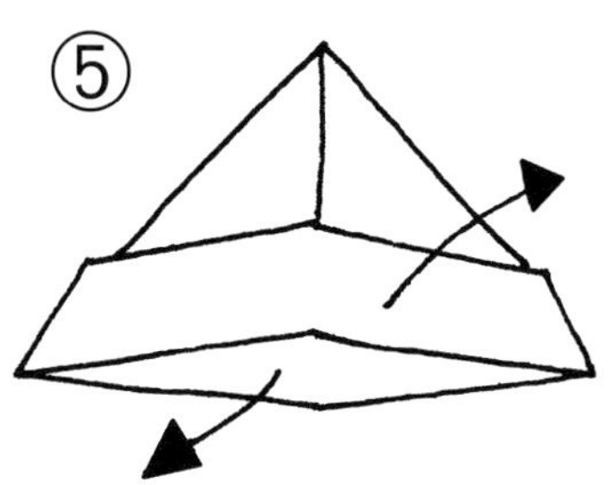

© Verlag an der Ruhr | Autorin: Aline Kurt | ISBN 978-3-8346-3581-5 | www.verlagruhr.de

Menschen denken unterschiedlich

Blaue Denker	Gelbe Denker	Rote Denker	Grüne Denker
Blaue Denker sind eher **ruhige** Menschen, die viel **Rücksicht** auf andere nehmen. Blaue Denker versuchen immer, **gerecht** zu sein.	Gelbe Denker sind Menschen, die gerne **Neues** erleben wollen. Sie wollen die Welt mit all ihren Sinnen erkunden und hören auf ihre Gefühle.	Rote Denker sind Menschen, die sich sehr wichtig nehmen. Sie wollen gerne **bestimmen** und sich durchsetzen.	Grüne Denker sind Menschen, die alles hinterfragen und Beweise brauchen. Sie brauchen viel **Sicherheit** und feste Rituale.
Blaue Denker denken sehr viel nach, bevor sie handeln. Sie denken viel über das nach, was sie schon erlebt haben. Der blaue Denker möchte **verstehen**, was vor sich geht.	Gelbe Denker erleben die Welt staunend. Sie beobachten aufmerksam, was geschieht, und denken darüber nach. Der gelbe Denker will alles **entdecken** und herausfinden, was vor sich geht.	Rote Denker denken immer darüber nach, wie alles besser werden könnte. Der rote Denker hat einen starken Willen und möchte andere von seiner Meinung **überzeugen**.	Grüne Denker versuchen, alle ihre Gedanken zu **ordnen**. Sie wollen die Welt in verschiedene Schubladen einteilen. Dem grünen Denker ist es wichtig, dass er erst über alles Bescheid weiß, bevor er eine Meinung hat.
Andere Menschen sehen den blauen Denker oft als **Träumer** an, der sehr viel nachdenkt.	Andere Menschen sehen den gelben Denker oft als **oberflächlich** an, weil er eher auf seine Gefühle hört.	Andere Menschen sehen den roten Denker oft als **ungeduldigen** Besserwisser an.	Andere Menschen sehen den grünen Denker oft als **pingeligen** Menschen an.

Wie denkst du über ...?

Du bist mit deiner Freundin verabredet. Ihr wollt ins Kino. Eine Stunde vorher sagt sie ab, weil sie lieber mit ihrer anderen Freundin in den Zoo möchte. Was denkst du?	Deine Eltern wollen dir ein Handy schenken. Du darfst es dir selbst aussuchen. Welches Handy nimmst du: das teuerste, ein günstiges oder das, was viele andere Kinder haben?
Auf dem Pausenhof beobachtest du, wie ein Junge von anderen gehänselt wird. Wie verhältst du dich?	Du musst eine schwere Mathearbeit schreiben. Was denkst du, als du die Aufgaben siehst?
Du gehst mit deiner Klasse in den Wald. Einige deiner Mitschüler finden es dort in der Stille ziemlich öde. Wie denkst du über euren Ausflug?	Ein Lehrer schimpft mit deinem Mitschüler. Der Lehrer behauptet, dass der Junge deiner Mitschülerin Geld gestohlen hat. Du hast aber gesehen, wie dein Freund das Geld genommen hat. Wie verhältst du dich?
Deine Mutter erklärt dir, dass Tiere genau die gleichen Gefühle haben wie wir. Wie denkst du darüber?	Dir ist die Lieblingstasse deiner Mutter zerbrochen. Wie verhältst du dich?
Die meisten aus deiner Klasse finden Hip-Hop toll. Für dich ist das jedoch keine tolle Musik. Wie verhältst du dich, als die anderen nach deiner Meinung fragen?	Ein Mitschüler, der ziemlich unbeliebt ist, hat dich zu seinem Geburtstag eingeladen. Wie verhältst du dich?

© Verlag an der Ruhr | Autorin: Aline Kurt | ISBN 978-3-8346-3581-5 | www.verlagruhr.de

Gespräche auf den Kopf gestellt (1/2)

Wir schauen uns nicht an.

Abb.: Bettina Weyland

Wir hören einander nicht zu.

Abb.: Bettina Weyland

Wir lassen den anderen nicht aussprechen.

Abb.: Bettina Weyland

Unsere Körpersprache ist abwehrend.

Abb.: Bettina Weyland

Gespräche auf den Kopf gestellt (2/2)

Wir nehmen den anderen nicht ernst.

Abb.: Bettina Weyland

Wir sind unhöflich.

Abb.: Bettina Weyland

In Streitgesprächen geben wir immer anderen die Schuld.

Abb.: Bettina Weyland

Wir nehmen uns wichtig.

Abb.: Bettina Weyland

© Verlag an der Ruhr | Autorin: Aline Kurt | ISBN 978-3-8346-3581-5 | www.verlagruhr.de

Kraft und Ruhe tanken

Baustein 1: Langsam wie eine Schnecke und schnell wie ein Gepard

(S. 116)

Darum geht's:
Schon Albert Einstein wies uns darauf hin, dass Zeiterleben stets subjektiv ist. Um Kraft und Ruhe tanken zu können und somit die seelische Widerstandsfähigkeit im Alltag zu erhalten und zu stärken, ist es wichtig, sich dieser Tatsache bewusst zu werden. Wann vergeht Zeit langsam und wodurch scheint sie schneller zu vergehen? Mit dieser Frage setzen sich die Kinder an dieser Stelle auseinander. Dazu erhalten **Leser und Nichtleser** eine Schnecke und einen Gepard als Bildvorlage und malen oder schreiben auf, wodurch für sie persönlich die Zeit langsamer bzw. schneller zu vergehen scheint. In einem Gruppengespräch stellen sie dabei zum einen fest, dass Zeiterleben subjektiv erfolgt. Zum anderen erfahren die Kinder, dass Zeit immer dann langsam zu vergehen scheint, wenn sie sich mit Dingen beschäftigen, die sie als langweilig erachten. Zum Geparden hingegen mutiert die Zeit stets dann, wenn viele Dinge erledigt werden müssen oder sie mit Spaß bei der Sache sind.

Weitere Materialien für jedes Kind:
- ✗ Schere
- ✗ Kleber
- ✗ 2 Blatt Papier (DIN A4)

Baustein 2: Mein Tag (S. 117/118)

Darum geht's:
Nicht nur wir Erwachsene haben oftmals das Gefühl, die Zeit renne vor uns davon. Auch unsere Kinder bleiben in der heutigen Zeit von Termindruck und Zeitmangel nicht verschont. All das erzeugt Stress, was wiederum eine echte Herausforderung für die Resilienz darstellt. In diesem Baustein haben die Kinder nun die Möglichkeit, sich zunächst einmal einen Überblick über ihre Zeit zu verschaffen.

Die **Nichtleser (☆)** arbeiten hier mit Bildvorlagen, die sie teils selbst gestalten, um einen normalen Tag in ihrem Leben darzustellen.
Die **Leser (☆☆)** gehen einen Schritt weiter, indem sie sich anhand eines Reflexionsbogens das Ausmaß ihres Zeitmangels bewusst machen und zunächst einmal eigenständig überlegen, was sie dagegen tun könnten. Hier geht es jedoch nicht darum, bereits Lösungen zu finden. Dafür ist Baustein 2 gedacht.

Weitere Materialien für die Nichtleser:
- ✗ Schere
- ✗ Kleber
- ✗ Blatt Papier (DIN A4)

Baustein 3: Meinen Tag planen

(S. 119/120)

Darum geht's:
Eine selbstgewählte Tagesstruktur hilft dabei, den oftmals stressigen Alltag besser bewältigen zu können. So ist ein gewisses Maß an Zeitmanagement ein wichtiger Aspekt auf dem Weg zur seelischen Ausgeglichenheit. Auch oder gerade unsere Kinder profitieren davon, wenn sie bereits frühzeitig lernen, Wichtiges von Unwichtigem zu unterscheiden und Dringlichkeitsstufen zu ermitteln. Natürlich muss dies immer auf stark vereinfachte und vor allem kindgerechte Art und Weise erfolgen. Aus diesem Grund sortieren die **Nichtleser (☆)** vorgegebenes Bildmaterial, während die **Leser (☆☆)** der Protagonistin einer Geschichte hilfreich zur Seite stehen.

Weitere Materialien für die Nichtleser:
- ✗ Schere
- ✗ Kleber

Baustein 4: Zeitdiebe vertreiben (S. 121)

Darum geht's:
Die sogenannten Zeitdiebe kennt jeder von uns, da sie ein Produkt unserer heutigen Zeit sind. Internet, Smartphone und Co. können allzu schnell die Zeit zum Fliegen bringen, sodass uns am Ende vom Tag eine unzureichend abgearbeitete To-Do-Liste mahnend anschaut. Da die Kinder in einer digitalen Welt groß werden, ist es wichtig, sie frühzeitig auf die Zeiträuber aufmerksam zu machen, um Stress und Hektik entgegenzuwirken. Schließlich sind Entspannung und innere Ruhe die wichtigsten Bestandteile der Resilienz.
Um die Kinder behutsam an die Thematik heranzuführen, denken **Leser und Nichtleser** zunächst über die Zeitdiebe nach, ermitteln diese und stecken sie kurzerhand in ein selbstgebasteltes Gefängnis.

Weitere Materialien für jedes Kind:
✗ Schere
✗ Kleber

Baustein 5: Kraftspender (S. 122/123)

Darum geht's:
Auch Kinder benötigen, wie wir Erwachsene, täglich neue Kraft, um den stetig wachsenden Anforderungen gerecht zu werden. Nur wenn sie in ihrer eigenen Kraft sind, können Kinder seelische Widerstandsfähigkeit entwickeln.
Von Tieren, die wahre Resilienz-Meister zu sein scheinen, können wir alle in dieser Hinsicht allerhand lernen. So achten Tiere ganz bewusst darauf, ihrem Körper die Ruhe zukommen zu lassen, die er benötigt, um neue Kraft zu sammeln. Tiere lassen sich dabei nicht von Uhren, Terminen und dergleichen dirigieren, sondern hören auf ihren Instinkt und ihre Intuition.
Da Tiere also die größten Lehrmeister sind, lernen die Kinder in diesem Baustein direkt von einem Hund.
Die **Nichtleser (☆)** erhalten dazu eine Bildergeschichte, die sie in Partnerarbeit erzählen, während die **Leser (☆☆)** die gleiche Geschichte in Textform bearbeiten und mithilfe von Fragen analysieren.

Baustein 6: Ruhe tanken (S. 124)

Darum geht's:
Unser Körper gleicht in vielerlei Hinsicht einem Auto. Unser Benzin besteht neben unserer täglichen Nahrung auch aus ausreichenden Ruhephasen. Nur dann können wir auch resilient sein und bleiben. Da die Kinder in der heutigen Zeit immer größer werdenden Ansprüchen gerecht werden müssen und ihre natürlichen Instinkte nicht mehr ausleben können und dürfen, ist es wichtig, sie frühzeitig auf die Bedeutung von bewussten Ruhezeiten hinzuweisen. Wir Erwachsene sind nämlich in diesem Zusammenhang oftmals alles andere als gute Vorbilder, beuten wir doch unsere Körper regelmäßig aus, um unserem leistungs- und perfektionismusorientierten Denken Rechnung zu tragen.
Leser und Nichtleser erhalten hier vier Beispiele, wie sie mental und körperlich Ruhe tanken können. Ausgehend von diesen Vorschlägen entwickeln sie eigene Ideen und halten diese in Kleingruppen auf einem Plakat fest.

Tipp: Geben Sie den Gruppen die Gelegenheit, ihre Plakate im Plenum zu präsentieren. Besonders schön ist hier eine kleine Ausstellung, sodass alle Schüler die Gelegenheit erhalten, sich über die Ideen zu informieren und diese als Anregung aufzunehmen.

Weitere Materialien:
für jede 4er-Gruppe:
✗ Plakatkarton (DIN A3)
✗ Filz- oder Wachsmalstifte

Baustein 7: Ich bin bei mir selbst

(S. 125)

Darum geht's:

Wenn wir nicht bei uns selbst sind und nicht in unserer eigenen Mitte ruhen, unterlaufen uns Fehler und wir fühlen uns oft abgeschlagen.
Da die Kinder der heutigen Zeit enormen Belastungen ausgesetzt sind, ist es wichtig, sie in ihrer natürlichen Fähigkeit zu stärken und ihnen zu vermitteln, dass es völlig normal und vor allem richtig ist, bei sich selbst zu sein.

Damit die Kinder auch im Alltag stets daran erinnert werden, basteln die **Leser und Nichtleser** in diesem Baustein ein Erinnerungspüppchen für die Hosentasche, das sie alle Zeit daran erinnert, sich wieder auf sich selbst zu besinnen, selbst wenn es um sie herum laut und hektisch wird. Dies hilft ihnen dabei, seelische Widerstandsfähigkeit zu entwickeln.

Weitere Materialien für jedes Kind:

- ✗ Wolle
- ✗ Kleber
- ✗ Schere
- ✗ Filzstifte

Baustein	So hat es geklappt: ☺	😐	☹
Langsam wie eine Schnecke und schnell wie ein Gepard			
Mein Tag			
Meinen Tag planen			
Zeitdiebe vertreiben			
Kraftspender			
Ruhe tanken			
Ich bin bei mir selbst			

Langsam wie eine Schnecke und schnell wie ein Gepard

1. **Schneide die Bilder aus.**
2. **Klebe jedes Bild auf ein Blatt Papier.**
3. **Wann vergeht die Zeit für dich langsam?**
   Male oder schreibe es um die Schnecke herum.
4. **Wann vergeht für dich die Zeit schnell?**
   Male oder schreibe es um den Gepard.
5. **Suche dir zwei Partner. Vergleiche. Was fällt euch auf?**
   Sprecht darüber.

1. Schneide die Bilder aus.
2. Was davon passt zu deinem normalen Tag?
   Lege die Bilder zur Seite.
3. Male in die leeren Kästchen, was du sonst noch an einem normalen Tag machst.
4. Klebe alle Bilder in der richtigen Reihenfolge auf ein Blatt.
5. Was davon magst du? Male ein ☺ dazu.
6. Was davon magst du nicht? Male ein ☹ dazu.

Abb.: Bettina Weyland

Abb.: Bettina Weyland

Abb.: Bettina Weyland

Abb.: Bettina Weyland

Abb.: Bettina Weyland

Mein Tag

Oft gehen Tage viel zu schnell vorbei. Gehörst du auch zu den Kindern, die viele Hobbys haben und es schwer finden, alles unter einen Hut zu bringen? Finde es heraus!

1. Wie gehst du mit deiner Zeit um? Lies dir die Aussagen durch. Kreuze an, was auf dich zutrifft.

	ja	nein	vielleicht
Ich verbringe viel Zeit am Tag mit Fernsehen.			
Ich kann meine Zeit nicht so gut einteilen.			
Mein Tag geht immer viel zu schnell um.			
Ich vertrödele viel Zeit.			
Es dauert lange, bis ich mit dem anfange, was ich machen muss.			
Ich habe kaum Zeit, um das zu machen, was ich möchte.			
Ich schaffe es meistens nicht, alles zu erledigen, was ich erledigen muss.			
Ich habe jeden Tag so viel vor, dass ich abends ganz müde bin.			

2. Wie viele Fragen hast du mit Ja beantwortet? ☐

3. Was könntest du machen, um mehr Zeit am Tag zu haben?

....

....

....

© Verlag an der Ruhr | Autorin: Aline Kurt | ISBN 978-3-8346-3581-5 | www.verlagruhr.de

Meinen Tag planen

1. Schau dir die Bilder an. Was davon ist wichtig für dich? Kreise grün ein.

2. Was ist nicht so wichtig? Kreise rot ein.

3. Was ist dir außerdem wichtig? Male in die freien Felder.

4. Schneide alle wichtigen Bilder aus.

5. Lege für die wichtigen Sachen eine Reihenfolge fest. Das Wichtigste steht ganz oben. Klebe die Karten nacheinander in das Dreieck.

Meinen Tag planen

„So ein Mist! Jetzt sitze ich schon seit Ewigkeiten hier! Nichts klappt und zum Klavierunterricht muss ich auch noch!“, denkt Sina. Das Mädchen ist den Tränen nah. Sina ist so müde, dass die Zahlen auf dem Papier auf und ab hüpfen. Eigentlich wollte sie nach dem Klavierunterricht bei Herrn Luchs mit ihrem Freund Murat spielen. Aber das kann sie wohl vergessen.

„Bist du fertig?“, will Mama wissen. „Wir müssen jetzt echt los.“

Sina lässt die Mathesachen liegen und sprintet zum Auto.

Beim Klavierlehrer angekommen, muss sie erst mal tief Luft holen. Blöderweise hat sie überhaupt nicht geübt, sodass der Lehrer sie nach einer Weile strafend anblickt. Das ist zu viel für Sina. Die Tränen, die sie mühevoll schon so lange zurückgehalten hat, strömen nun heraus. Der Klavierlehrer schaut sie ratlos an. „Ich wollte dir nicht zu nahe treten. Aber du hättest wirklich ein bisschen mehr üben müssen“, erklärt er mit freundlicher Stimme.

„Ich wollte ja ... Aber ich hatte keine Zeit“, schluchzt Sina.

„Mhm, aber du weißt doch schon seit letzter Woche, dass du das Stück üben solltest“, meint der Lehrer. „Aber ich muss so viel machen und da habe ich es einfach nicht geschafft“, erklärt Sina.

„Oh, das kenne ich“, sagt Herr Luchs. „Ich habe das Üben auch oft nicht hinbekommen, als ich so alt war wie du. Das lag daran, dass ich meine Zeit nicht so gut geplant habe. Oft habe ich mich lange mit unwichtigen Sachen aufgehalten. Dann muss man ja auch Hausaufgaben machen und spielen will man ja schließlich auch. Mir hat es geholfen, mir morgens zu überlegen, was an dem Tag wirklich wichtig ist. Von da an hatte ich dann auch Zeit zum Üben. Vielleicht klappt das bei dir ja auch?“, ermuntert Herr Luchs das Mädchen. Sina denkt kurz darüber nach. Vielleicht ist das ja gar keine so schlechte Idee?

1. **Wie denkst du über das, was Herr Luchs Sina über die Zeit gesagt hat?**
2. **Sina braucht deine Hilfe. Sie möchte ihre Zeit besser planen. Entwirf einen Tagesplan für sie.**

Zeitdiebe vertreiben

Oft vergeht die Zeit ganz schnell. Und du hast nicht das gemacht, was du machen wolltest. Oft sind die Zeitdiebe Schuld. Sie stehlen nämlich deine Zeit. Das Handy ist einer der Zeitdiebe. Auch der Fernseher gehört dazu.

1. **Wer sind deine Zeitdiebe? Male sie auf einen Zettel.**
2. **Bastele ein Gefängnis.**

   Du brauchst:
   - Schablone
   - Kleber
   - Schere

   So geht es:

   a) Schneide die Schablone aus.

   b) Klebe sie an den Laschen zusammen. Fertig!
3. **Stecke nun alle Zettel mit den Zeitdieben in das Gefängnis. Wie fühlt sich das an?**

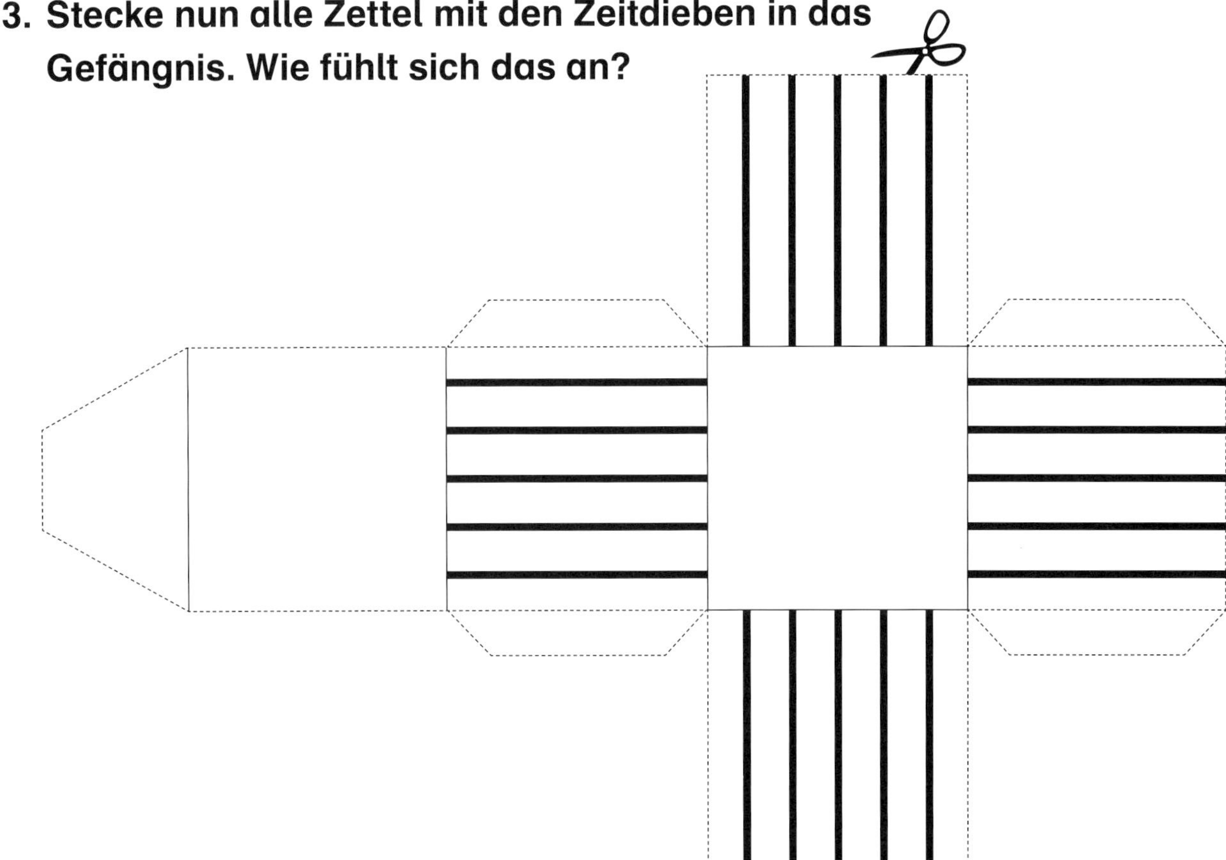

Kraftspender

☆

1. **Suche dir einen Partner.**
2. **Schaut euch gemeinsam die Bilder an.**
3. **Erfindet eine Geschichte dazu.**
4. **Bei welchen Beschäftigungen können die Hunde Kraft tanken? Kreise ein.**
5. **Überlegt euch eigene Kraftspender.**

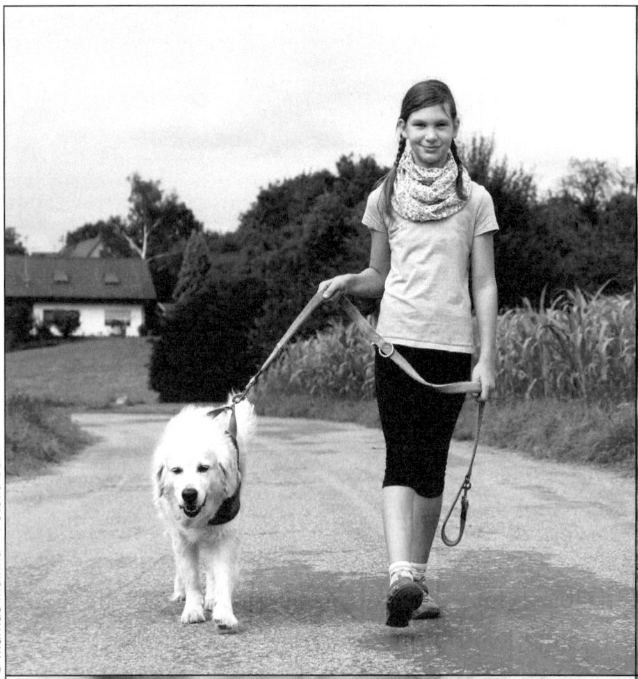

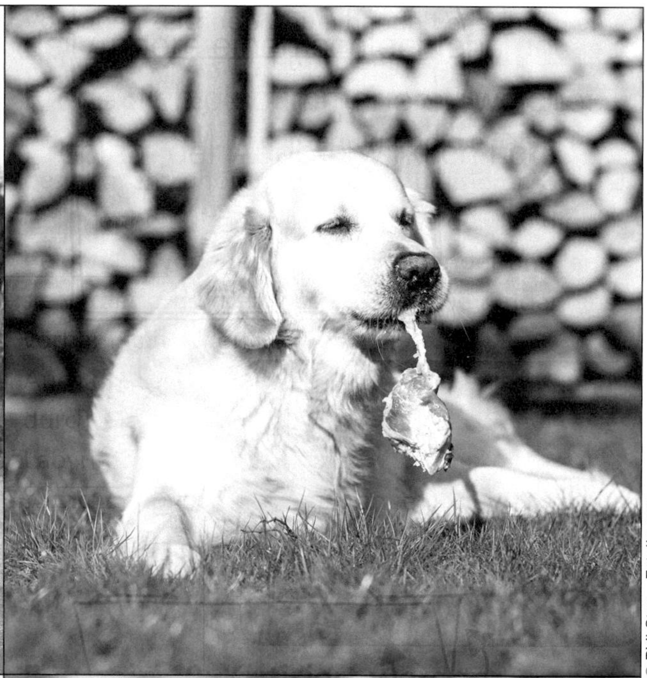

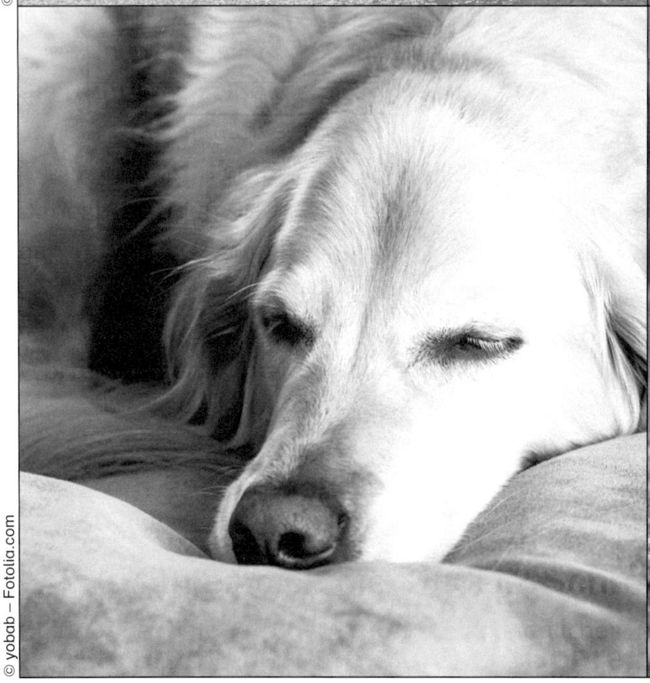

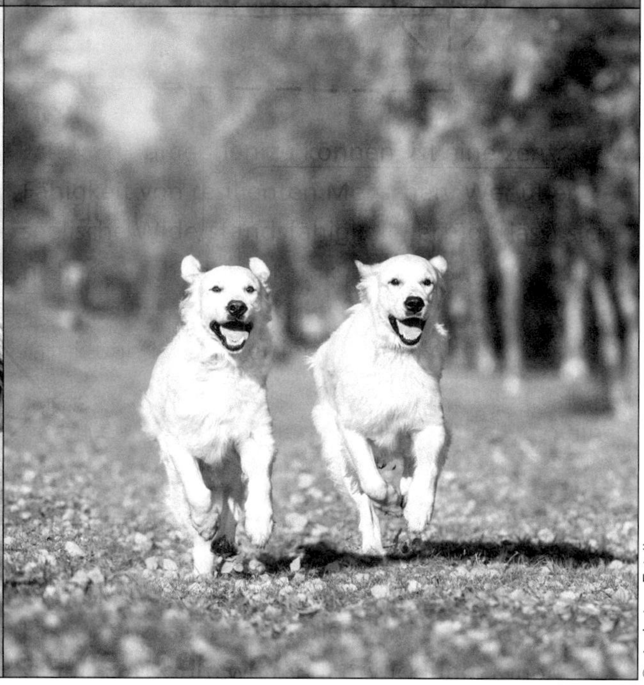

© Verlag an der Ruhr | Autorin: Aline Kurt | ISBN 978-3-8346-3581-5 | www.verlagruhr.de

Lübbi ist ein glücklicher Hund. Er liebt es, mit seinem Menschen draußen umherzulaufen und die Gegend zu erkunden. Spazieren gehen, rennen und toben liebt er über alles. Sobald er draußen ist, lacht Lübbi die ganze Zeit.

© otsphoto – Fotolia.com

Lübbi freut sich immer, wenn er seine Hundefreunde trifft. Nur mit ihnen kann man so toll spielen. Schließlich sind Menschen viel zu langsam. Mit ihnen kann man nur ganz schlecht Fangen spielen.
Wie alle Hunde ist Lübbi ziemlich schlau. Er weiß ganz genau, wann er neue Kraft tanken muss. Dann macht er es sich auf einem seiner Lieblingsplätze gemütlich und schläft.

© yobab – Fotolia.com

Auch Essen hilft ihm dabei, neue Kraft zu tanken. Schließlich braucht sein Körper jede Menge davon. Nur so kann er fit genug bleiben, um jeden neuen Tag zu genießen. Für Lübbi ist das ganz normal. Er hört auf seinen Körper, der ihm immer sagt, wann es Zeit zum Ruhen und zum Essen ist. Manchmal wundert er sich über seinen Menschen. Obwohl der oft so müde wirkt, ruht er sich längst nicht so viel aus.

1. Wie tankt Lübbi Kraft?

....

....

2. Warum wundert er sich über die Menschen?

....

....

3. Wie können wir Menschen neue Kraft gewinnen?

....

....

Ruhe tanken

Ohne Benzin kann ein Auto nicht fahren. Man muss es also betanken. Auch dein Körper braucht eine besondere Tankstelle. Er benötigt nämlich Ruhe, damit es dir gut geht.

1. Suche dir einen Partner.

2. Schaut euch gemeinsam die Bilder an.

3. Sprecht über die folgenden Fragen:
a) Wie tanken die Kinder Ruhe?
b) Was davon gefällt euch am besten?

4. Wie und wo kann man noch Ruhe tanken?
Malt oder schreibt eure Ideen auf.

5. Sucht euch eine andere Gruppe.
Sprecht über eure Ideen.

Kordel: © picsfive – stock.adobe.com; alle anderen Abb.: Bettina Weyland

© Verlag an der Ruhr | Autorin: Aline Kurt | ISBN 978-3-8346-3581-5 | www.verlagruhr.de

Manchmal sind wir in Gedanken. Dann bekommen wir nichts mit und verpassen alles um uns herum.
Wie gut, dass es Zauberpüppchen gibt. Sie helfen dir, dich an dich selbst zu erinnern. Bastele ein solches Püppchen. Trage es in deiner Hosentasche bei dir. Es wird dir helfen, bei dir selbst zu bleiben.

Du brauchst:

- Wolle
- Schere
- Kleber
- Filzstifte

So geht es:

1. Ein Knäuel wickeln

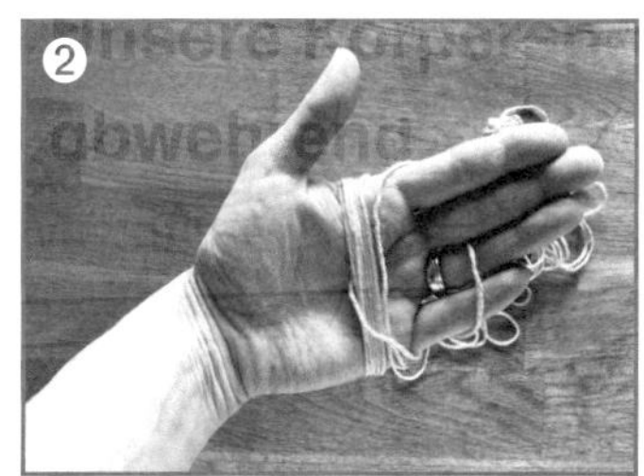

2. Wolle um die Hand wickeln

3. Die Schlaufen umwickeln

4. Schritt 2 und 3 wiederholen

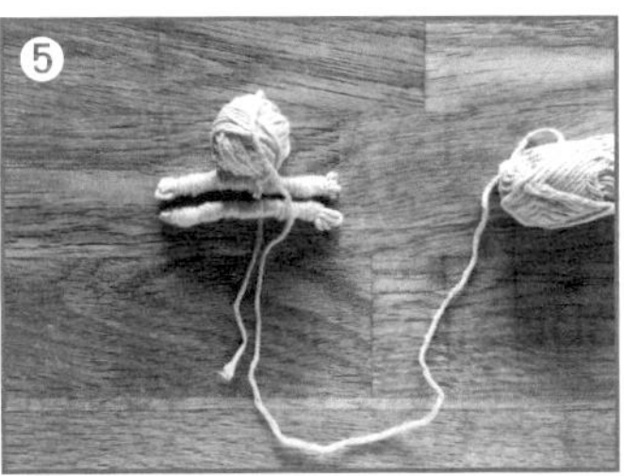

5. Alle 3 Teile umwickeln

6. Arme und Beine durch Wickeln formen

7. Körper mit andersfarbiger Wolle umwickeln

8. Gesicht aufmalen – fertig!

Kordel: © picsfive – stock.adobe.com; Logo Kopfzeile: Bettina Weyland; Fotos Bastelanleitung: Aline Kurt

Bildmeditation

Darum geht's:
Meditation stellt ein hilfreiches Instrument dar, um ins innere Gleichgewicht zu kommen. Durch das Abschalten aller Gedanken sind die Kinder vollkommen im Hier und Jetzt. Allerdings bereiten einige Meditationsformen vielen Kindern Schwierigkeiten, da es ihnen oftmals nicht gelingt, äußere und innere Reize auszublenden. Bildmeditationen jedoch lenken die Aufmerksamkeit der Kinder auf ein vorgegebenes Bild und schaffen somit einen äußeren Rahmen, der den Kindern die Meditation an sich erleichtert.

Material:
✗ Bildvorlage „Entspannung pur" (S. 128)

Das bereiten Sie vor:
Kopieren Sie die Bildvorlage für jedes Kind.

So geht's:
Teilen Sie jedem Kind eine vorbereitete Kopie der Bildvorlage aus. Legen Sie diese verdeckt auf den Tisch. Sofern Ihre Schüler mit Meditationen und anderen Stilleübungen noch nicht vertraut sein sollten, klären Sie zunächst gemeinsam die „Spielregeln": Während der Meditation sollen die Kinder nicht sprechen. Alle Fragen und Impulse werden lediglich im Stillen beantwortet.
Auf Ihr Zeichen hin dürfen die Kinder nun das Bild umdrehen und betrachten. Währenddessen erhalten sie von Ihnen die folgenden Impulse und Fragen. Achten Sie dabei unbedingt darauf, ausreichend Zeit zwischen den Impulsen zu lassen, sodass die Kinder innere Bilder und Gefühle erzeugen können.
✗ *Schaue dir das Bild genau an.*
✗ *Achte einmal darauf, wie du dich dabei fühlst.*
✗ *Wie mag sich die Katze auf dem Bild fühlen?*
✗ *Stell dir vor, du würdest neben ihr liegen.*
✗ *Was würdest du machen?*
✗ *Die Katze heißt Karli. Sie mag es, wenn ruhige Kinder in ihrer Nähe sind. Wenn du ganz entspannt bist, darfst du sie vielleicht sogar streicheln. Wie fühlt sich das für dich an?*
✗ *Spürst du die Ruhe und die Kraft, die langsam auch in dich hineinströmen, während du Karli betrachtest?*

Nach der Meditation holen Sie die Kinder wieder sanft zurück ins Hier und Jetzt. Wer mag, darf von seinen Erlebnissen und Erfahrungen berichten.

Tipp: Diese Form der Meditation lässt sich auch als Objektmeditation durchführen. Dazu benötigt jedes Kind ein geeignetes Objekt, wie z. B. eine Kerze, einen Stein oder Naturmaterialien.

Mit der Natur in der Natur

Darum geht's:
Der wahrlich größte Kraft- und Ruhespender unseres Planeten ist wohl die Natur. Wer sich einmal wirklich unabhängig vom Wetter bewusst darauf einlässt, die Natur hautnah zu erleben, wird schnell spüren, dass es keine größere Kraftquelle gibt.

Das bereiten Sie vor:
Wenn Ihre Schule in einem Stadtzentrum oder einem anderen Ballungsgebiet ohne Grünflächen liegt, müssen Sie vorab eine geeignete Stelle suchen, die folgende Kriterien erfüllt: Ruhe, Stille, ausreichend Bäume. Liegt Ihre Schule eher ländlich, müssen Sie Ihre Kinder lediglich nach draußen führen.

So geht's:
Gehen Sie mit den Kindern hinaus in die Natur. Wählen Sie eine geeignete Stelle aus, an der sich mehrere Bäume befinden. Bitten Sie die Kinder zunächst, die Augen zu schließen und zu lauschen. Nachdem die Kinder sich völlig darauf konzentriert haben, darf nun jeder einen Baum auswählen und diesen umarmen. Ja, Sie haben richtig gelesen: Die Kinder umarmen einen Baum. Probieren Sie das ruhig einmal selbst aus. Je feinfühliger Sie sind, desto stärker spüren Sie die Kraft, die von diesem Baum ausgeht.
Anschließend dürfen die Kinder von ihren Erlebnissen berichten:
✗ *Wie war es für euch?*
✗ *Was habt ihr gehört/gesehen?*

- *Wie war es, den Baum zu umarmen?*
- *Wie hat er sich angefühlt?*
- *Würdet ihr das noch einmal machen?*
- *Warum?*

Genießen

Darum geht's:
Genuss ist ein wichtiger Schritt, um im Hier und Jetzt zu sein. Wer genießt, ist mit allen Sinnen dabei. Da bleibt kein Platz für Hektik, Stress oder üble Gedanken.

Material:
- 1 Stück Schokolade für jedes Kind
- Plakatkarton
- Werbeprospekte
- Kataloge
- Zeitschriften
- Kleber
- Schere
- Filzstifte

Das bereiten Sie vor:
Prüfen Sie im Vorfeld, ob ein Kind allergisch auf die in Schokolade enthaltene Milch reagiert oder aus anderen Gründen keine Schokolade essen darf. Fragen Sie in diesem Fall, was dieses Kind besonders gern mag und vor allem verträgt, und halten Sie diese Köstlichkeit bereit.

So geht's:
Teilen Sie jedem Kind ein Stück Schokolade aus, das es jedoch noch nicht essen darf. Bitten Sie die Kinder, zunächst an der Schokolade zu riechen und diese mit den gewaschenen Fingern zu spüren. Fragen Sie die Kinder nach ihren Eindrücken. Erst im Anschluss dürfen die Kinder ihr Schokoladenstück in den Mund nehmen und dieses langsam auf der Zunge zergehen lassen. Wer mag, darf anschließend von seinen Erfahrungen berichten:
- *Wie war es für euch, die Schokolade auf diese Weise zu essen?*
- *Wie macht ihr das sonst?*
- *Was war nun anders?*
- *Woran lag das?*

Gestalten Sie anschließend gemeinsam mit den Kindern ein Genussplakat. Wählen Sie dazu aus Werbeprospekten, Zeitschriften und Katalogen alles aus, was man genießen kann, und kleben Sie gemeinsam mit den Kindern die Bilder auf das Plakat. Denken Sie dabei auch an immaterielle Dinge, wie eine Umarmung, ein Gespräch, die Natur etc.

Stress vertreiben

Darum geht's:
Leider haben auch Kinder manchmal so großen Stress und inneren Druck, dass eine Notfallübung her muss, mit der beides schnell abgebaut werden kann. Die folgenden Übungen sind genau dafür entwickelt.

Material:
- Waschgelegenheit

So geht's:
Zeigen Sie den Kindern die folgenden Übungen mit der Bitte, diese ebenfalls auszuführen. Fragen Sie die Kinder abschließend, wie sie sich währenddessen gefühlt haben und ob sie sich vorstellen können, eine dieser Übungen in Stresssituationen einzusetzen.

Stress abstreichen
Streichen Sie sich mehrmals mit den Handflächen beider Hände von oben nach unten über das Gesicht. Stellen Sie sich dabei vor, wie sie den Stress abstreichen.

Stress abwaschen
Halten Sie die Hände unter fließendes Wasser. Stellen Sie sich vor, wie der Stress aus jeder Ihrer Körperzellen in Ihre Hände strömt. Das fließende Wasser trägt diesen nun mit sich fort.

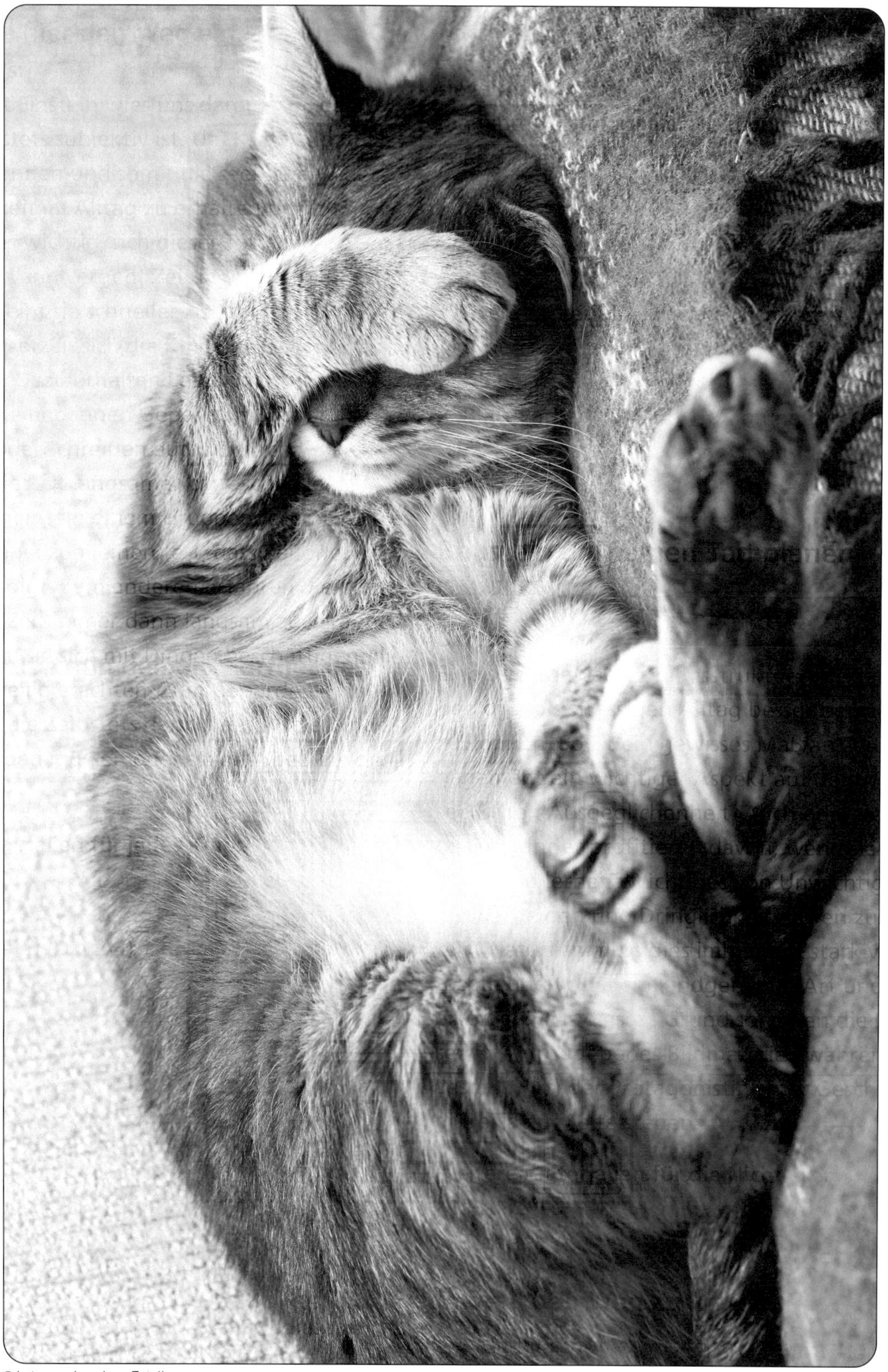

Entspannung pur

© katyamaximenko – Fotolia.com